AIRLINE CABIN SERVICE

THE CRAFTSMANSHIP IN SERVICE DETAILS

民航客舱服务实务

精于细节的匠心服务之道

主　编　王　艳
副主编　李命姝　陈　馨
参　编　曾鸿铭　满　义

哈爾濱工業大學出版社
HARBIN INSTITUTE OF TECHNOLOGY PRESS

内 容 简 介

本教材是民航客舱服务领域的重要成果，由校企双方合作精心打造，采用活页教材形式，兼具灵活性与时效性。其内容系统全面，深入阐述航空公司客舱乘务员的核心素质、服务基本要义及职责，详细讲解从乘客登机前的航前准备，到飞行途中服务，再到着陆后的后续管理的完整服务流程，各阶段执行事项与知识要点一应俱全。本教材基于国际上韩亚航空和大韩航空的乘务实践经验以及国内四大航空公司服务体系教学经验编写，同时插入大量实物照片资料，以丰富多元的理论学习为路径，有效提升学员的实际应用能力，构建起一套实用且具前瞻性的民航客舱服务知识体系，能切实满足教学与实践的双重需求。

本教材主要面向有志于从事民航客舱服务行业的学员，包括各类航空院校相关专业的在校学生，他们正处于知识储备阶段，需要全面且系统的专业教材来开启民航服务知识的大门；也适用于即将进入民航乘务员岗位的人员，帮助他们快速熟悉工作流程和职责，弥补实践经验的不足，为其职业生涯奠定坚实基础，使其在民航客舱服务领域顺利起航，实现自己的职业理想。

图书在版编目(CIP)数据

民航客舱服务实务：精于细节的匠心服务之道/王艳主编.-- 哈尔滨：哈尔滨工业大学出版社，2025.8.
ISBN 978-7-5767-1975-8

I.F560.9

中国国家版本馆CIP数据核字第2025Z8A551号

民航客舱服务实务：精于细节的匠心服务之道
MINHANG KECANG FUWU SHIWU:JINGYU XIJIE DE JIANGXIN FUWU ZHI DAO

策划编辑　王桂芝
责任编辑　赵凤娟
出版发行　哈尔滨工业大学出版社
社　　址　哈尔滨市南岗区复华四道街10号　邮编150006
传　　真　0451-86414749
网　　址　http://hitpress. hit. edu. cn
印　　刷　哈尔滨博奇印刷有限公司
开　　本　787 mm × 1 092 mm　1/16　印张 14.25　字数 300千字
版　　次　2025年8月第1版　2025年8月第1次印刷
书　　号　ISBN 978-7-5767-1975-8
定　　价　65.00元

PREAMBLE

前言

党的二十大为我国民航事业的高质量发展绘制了宏伟蓝图，强调了人才强国战略在各行业领域的关键意义。民航业作为国家交通运输体系的重要组成部分以及对外交流的关键窗口，对专业人才的需求日益增长且标准不断提升。在此背景下，《民航客舱服务实务：精于细节的匠心服务之道》教材应运而生，致力于为培养适应新时代民航客舱服务需求的卓越人才提供坚实的知识基石与实践指南。

本教材具有鲜明的特色，是校企深度合作开发的结晶

本教材紧密结合国际知名的国内四大航空公司以及韩亚航空、大韩航空丰富的客舱乘务实践经验与成熟的服务体系教学经验。航空公司专业乘务人员深度参与其中，分享一线工作中的宝贵案例与实际操作要点，确保教材内容紧密贴合行业实际需求，让学员能够学习到最前沿、最实用的客舱服务知识与技能。本教材插入大量实物照片资料，生动形象地展示客舱服务中的各类场景、设备与操作细节，有效弥补学生因缺乏现场实践机会而可能产生的认知短板，通过直观的视觉呈现助力学员更好地理解抽象的理论知识，提升实际应用能力。

本教材结构严谨且逻辑清晰，依据民航客舱服务流程进行编排

从乘客登机前细致入微的航前准备工作，如客舱设备检查、服务用品准备、乘务员形象与心理准备等；到飞行途中涵盖广泛的服务环节，包括乘客迎送、客舱安全演示、餐饮服务、特殊乘客照顾等全方位服务内容；再到着陆乘客下机后的后续管理工作，如客舱清理、服务总结与反馈等，详细讲解各阶段的具体执行事项与知识要点，形成一个完整且系统的民航客舱服务知识体系，使学员能够循序渐进地学习并掌握整个服务流程的精髓。

CONTENTS

2

目录

01 CHAPTER

CABIN CREW OVERVIEW

客舱乘务员概述

- 客舱乘务员的定义
- 客舱乘务员的职业素养
- 客舱乘务员的工作
- 客舱乘务员的培训管理
- 客舱乘务员的飞行日程
- 客舱乘务员的形象塑造

一 客舱乘务员的定义

学习目标

- 理解客舱乘务员的职责与角色。掌握客舱乘务员在保障乘客安全与提供客舱服务中的核心职能。
- 培养客舱乘务员的专业能力。学习安全应急处置技能，树立以乘客为中心的服务理念。
- 熟悉乘务工作全流程。掌握飞行前准备、航程中服务及飞行后总结的标准程序，了解工作日程管理规范。

1. 什么是客舱乘务员

客舱乘务员是指航空器飞行过程中，承担保障乘客安全及提供各类服务工作的专业人员。

从航空运输服务的特点来看，各航空公司为构建差异化竞争优势，除了提供餐饮服务，还依据各航线的特点，开发并提供多样化的服务，这些工作均由客舱乘务员具体执行。

因此，客舱乘务员可以解释为在飞行期间，为乘客提供多种服务以确保乘客安全、舒适地抵达旅行目的地的专业人员。

各航空公司将安全训练和服务训练纳入新员工的培训项目，特别是在安全训练方面，以各国的航空法为准，乘务员需接受国家批准或认可的 *Cabin Crew Training Manual*（《客舱乘务员培训手册》）中明确的初期训练课程，后经审查合格者，方可获得客舱乘务员的正式从业资格。

2. 客舱乘务员的由来 >>>

在航空旅行初期，飞机上并没有设置客舱乘务员这一岗位，飞机运营主要聚焦于飞机的航运和航线管理，目的是让乘客们坐在座位上享受飞行的乐趣。

从 20 世纪 20 年代中期开始，随着航空旅游的兴起及乘客的增加，考虑到乘客的便利，客舱乘务员的必要性开始凸显。1928 年，德国汉莎航空股份公司在柏林至巴黎的航线上首次配备了男性乘务员，很好地体现了当时最好的服务工作是由男性承担的时代背景。在欧洲，包括餐厅和酒店在内的高级服务工作主要由男性负责，因此从初始阶段就聘用男性作为客舱乘务员也是顺理成章的选择。20 世纪 30 年代，航空业界称男乘务员为 steward，女乘务员为 stewardess，但如今使用的是性别中立用语 flight attendant。

1930 年，美国联合航空公司的前身 Boeing Air Transport Co.（波音航空运输公司）聘用了护士出身的艾伦 · 丘奇，她成为史上第一位客舱女乘务员。

艾伦起初提议担任飞行员工作，遭到拒绝后，她召集了包括自己在内的 8 名护士出身的女性，以能够给乘客带来心理上的安全感为由承担了客

舱乘务员的工作。

此后，由于亲切的服务和对患者能采取适当措施得到了乘客的好评，因此波音航空运输公司正式制定并实施了《客舱女乘务员制度》，随后美国国内 30 多家航空公司竞相引入了《客舱女乘务员制度》并进行运营。这一消息传到欧洲，此后女乘务员在整个欧洲也都活跃在岗位上，并一直延续至今。

当时，客舱女乘务员的资格要求是 25 岁以下未婚女性， 由于飞机客舱狭窄，天花板低，因此身高要求不超过 162 厘米。最初客舱女乘务员都来自护士群体，因此都穿着白大褂，戴着白帽子，后改为军装，并凸显女性特有风采；现在的着装则是体现各国文化、传统和航空公司特色的个性鲜明且实用性较强的制服。

二 客舱乘务员的职业素养

虽然各航空公司对客舱乘务员资质的要求略有差异，但概括起来共同点如右图所示。

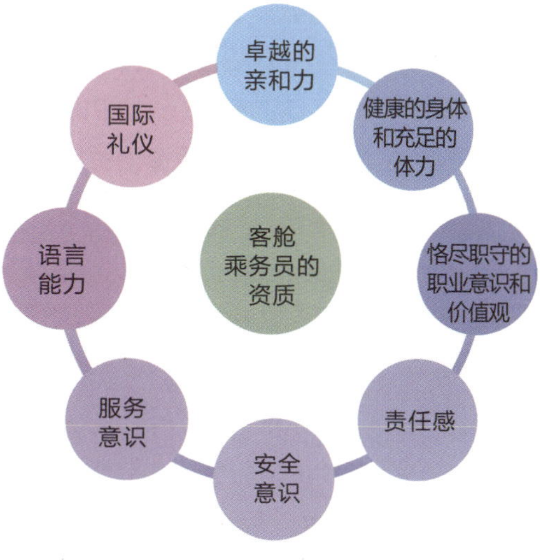

客舱乘务员不仅是为不同国籍乘客提供专业服务的人员，更是负责乘客安全的安全人员，这就要求其必须具备多元素养，以便高效履行职责。

特别是客舱这一特殊的工作环境，乘客来自不同文化圈，客舱乘务员需要应对时差、意想不到的气象变化或安全事故等，对这些情况需要有适当的认知和判断力，需要有能够和同事们一起圆满、顺利地执行工作的能力，因此每个航空公司都要求客舱乘务员具备相应的职业素养，其核心素养几乎是相同的。

1. 卓越的亲和力

亲和力是指在个人与他人建立并维持良好关系时所必备的能力与特质。具有亲和力的人容易与他人接触和沟通，易构建起紧密联系。

客舱乘务员属于每次飞行都要和不同的同事一起工作的职业群体。客舱乘务员并非独自完成任务，而是要和同事协同作业。

鉴于航空公司的规模不同，客舱乘务员人数均为 100~10 000 名，因此客舱乘务员相互之间难以做到彼此熟悉。若对新同事表现得非常陌生或一味坚持自我，将很难适应飞行工作，在自我情绪管控方面也会陷入困境，因此亲和力对于客舱乘务员来说是必须具备的职业素养。

此外，亲和力在客舱乘务员与乘客形成正面的互动关系方面也起着非常重要的作用。积极的互动关系可以促进与乘客的顺畅沟通，顺畅的沟通最终会使乘客对服务感到满意；即使在某些情况下无法满足乘客的需求，凭借亲和力得到乘客的理解和协助的可能性也会提高，卓越的亲和力可以助力客舱乘务员更有效地进行工作。

2. 健康的身体和充足的体力

飞行高度

客舱乘务员的工作强度较高，工作环境存在诸多不利于健康的因素。从客舱环境来看，飞机飞行高度最高可达 35 000~48 000 英尺（1 英尺 =0.304 8 米），因此客舱内的气压相当于高度为 1 500~2 000 米的气压。虽然客舱内储存着满足呼吸并可舒适活动的氧气， 但如果突然发生气压变化，就会引起缺氧症，患有心脏或呼吸道相关疾病的人很难长时间飞行。

客舱内湿度

客舱内比地面干燥约 20%，长途飞行时可能会导致皮肤干燥或其他皮肤问题。因此，客舱乘务员平时要充分摄取水分和营养成分，并用保湿剂护理皮肤，预防疾病发生。

对身体的影响

餐饮服务使用的 serving cart（餐车）的重量约为 50 千克，如果使用不当，手腕关节可能会出现问题。另外，登机时协助乘客将行李放在行李架上的工作和准备服务都需要耗费体力，需要管理的 container(备份箱)

也非常沉重，因此腰部或颈部也很容易受伤。

长途飞行

长途航班时，客舱乘务员需要在长达数小时甚至十几个小时的飞行时间里站着为乘客提供服务，可能会增加疲劳感和压力，还会引起下肢静脉曲张。

另外，由于时差会产生名为 jet leg（时差综合症）的疲劳感，这是由于当地时间和人体生物钟的不协调而产生的症状。昼夜交替，在熟睡的时间进行活动，疲劳感过重，晚上会伴有头晕目眩、无法入睡的睡眠障碍，还会出现体力下降、消化不良等症状。

因此，如果没有健康的身体和充足的体力做后盾，客舱乘务员就会很难顺利进行工作。若客舱乘务员状态不佳或体力下降，有可能在瞬间引发失误，这也会导致安全事故的发生，所以客舱乘务员要保持健康的身体状态和充足的体力。

3. 恪尽职守的职业意识和价值观

客舱乘务员是融合体力劳动和情感劳动的代表性职业，如果对自己的职业不具备恪尽职守的职业意识和价值观，就很难坚守工作。

随着航空旅行的大众化和个人化进程的加速， 有限的客舱空间带来的压力以及多种类型的乘客引发无礼要求和理由不明的投诉事例增多，即便如此， 客舱乘务员仍需控制个人情绪， 以亲切的态度应对， 可见客舱乘务员属于高强度情感劳动的职业群体。

在此情形下，客舱乘务员应具有恪尽职守的职业意识和价值观，履行对乘客的责任和义务。

4. 责任感

在飞行工作中，客舱乘务员应在各自负责的区域内按照公司制定的手册内容和方针进行服务，以便与在其他区域工作的同事提供相同的服务；要在各自负责的区域尽责地工作，为乘坐飞机的所有乘客提供安全、舒适的服务。 如果某位客舱乘务员未妥善完成自身职责范围内的工作，不仅会给其他同事带来影响，还极易引发乘客的不满，因此要带着对自身任务一丝不苟的态度投入工作。

5. 安全意识

从航空旅行的特点来看，航空公司的首要任务是保障乘客和乘务员的安全。 在飞机这一特殊环境下，保障生命和财产的安全是其他任何服务都无法取代的重要职责。因此，只有把安全放在首位并付诸实践，乘客才能安心、舒适地旅行。在飞行中，客舱乘务员要严格遵守安全流程和规定，确保乘客安全，预防事故发生，及时发现飞行中发生的异常情况，具备应对突发事件的能力。

6. 服务意识

客舱乘务员的服务意识是指为乘客提供最佳服务、努力提高乘客满意度的一种态度和意识。客舱乘务员接待乘客时，在任何情况下都应秉承亲切、礼貌、快速接待、体贴的服务意识，同时需考虑安全和便利的因素，具有解决问题的能力和沟通技巧等。因此，各航空公司以客舱乘务员为对象提供专业的服务意识培训，并以收集乘客反馈及接待乘客案例为基础进行角色扮演、情景模拟等多种培训项目，以便客舱乘务员掌握恰当应对类似情况的方法。

7. 语言能力

客舱乘务员要努力学习和运用与不同国籍乘客沟通所需的语言技能。由于英语是航空业界的通用语言，因此客舱乘务员至少要能够用英语进行客舱服务、提供必要信息、处理紧急状况。

8. 国际礼仪

乘坐飞机的乘客拥有多样化国籍和文化，各国的礼仪和习惯可能会有所不同，因此客舱乘务员要理解各国的基本特征，以便接待乘客。另外，由于时代潮流和全球化的影响，随着相互交流变得活跃，各国的礼仪和习惯也逐渐发生变化。因此，客舱乘务员要与时俱进，通过学习各航空公司的指南或指导方针以及个人努力，掌握最新信息。

三 客舱乘务员的工作

客舱乘务员负责提供公司规定的各项服务，以确保客舱内乘客的安全，并使乘客体验舒适的旅行。客舱乘务员的首要任务是在发生紧急情况时执行安全撤离工作。客舱乘务员必须接受公司的周期性教育培训，并通过持续不断的努力保持一定水平的业务能力以确保乘客的安全旅行。

客舱乘务员需对安全流程和规章进行说明，确保乘客遵守安全规定。在发生紧急情况时，指挥乘客撤离并安全疏散。

客舱乘务员工作的优先顺序

紧急撤离准备和紧急撤离工作 → 安全及安保工作 → 协助乘客的工作 → 客舱服务工作

1. 安全工作

- **日常安全工作** ➡ 乘客登机前、起飞前、飞行中、着陆后进行客舱安全及安保检查。
- **应急准备工作** ➡ 检查应急设备、急救设备、紧急撤离设备，静默30秒。
- **应急处置工作** ➡ 飞机上有患者时执行应急处置程序。
- **紧急撤离工作** ➡ 进行有准备和无准备的紧急撤离工作。

30-second review　静默 30 秒

据统计，80% 的飞机事故主要发生在起飞 3 分钟和着陆 8 分钟的时间段。这可以说是“critical 11（关键 11 分钟）”的危险瞬间。客舱乘务员的日常安全工作之一，就是实施 30-second review（静默 30 秒）进行防范：假设飞机起飞和着陆时发生紧急情况，再次回顾接受安全培训时的内容，为了本人和乘客的安全，在脑海中整理出 30 秒之内自己将采取的行动以应对各种突发情况。对于客舱乘务员来说，安全是不容妥协的，要树立严谨的安全意识，时刻对乘客的安全负责。

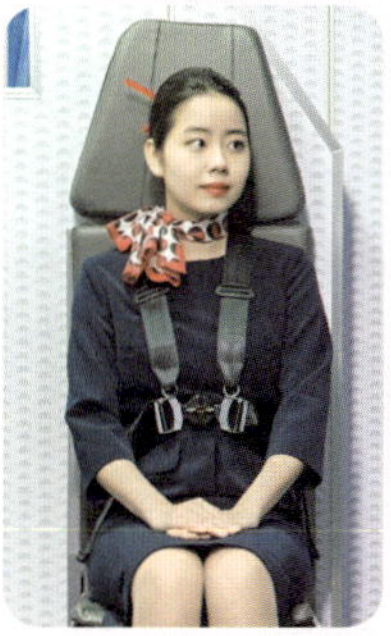

2. 服务工作

客舱服务工作是指按照公司规定的流程在飞机上为乘客提供物品和人力服务的工作。

- **乘客登机** ➡ 欢迎问候，为乘客引导座位。
- **为乘客提供服务** ➡ 客舱餐食服务、饮品服务、娱乐服务、客舱销售服务。
- **乘客下机** ➡ 下机问候、协助乘客、确认遗失物品。

3. 机上广播

机上广播是为了乘客的安全和舒适的旅行，传达服务信息或有效传达乘客需要协助的事项和规定，在发生紧急情况时，有效控制乘客、寻求协助并迅速确保机上全体人员安全。

机上广播的目的

- 传达必要信息，为乘客提供便利
- 进行有效控制和协助，确保乘客安全
- 发生紧急情况时传达有效信息

广播时间点	广播内容
登机结束后	welcome (欢迎词) safety demonstration (安全演示)
起飞前	take off (起飞)
起飞后	seatbelt sign off (安全带指示灯灭)
飞行中	turbulence (颠簸) duty-free shopping service(免税商品服务) entry documents (入境材料)
降落前	approaching (接近) landing (着陆)
降落后	farewell (欢送乘客) deplane (下机)

四 客舱乘务员的培训管理

虽然每个航空公司对客舱乘务员的培训项目都略有不同，但针对法定培训中的初期训练、定期训练的培训内容是相似的。

此外，各航空公司正在开发并实施专业服务教育、进修教育、特殊教育、委托教育、升级教育等多种体系的教育培训项目作为培养专业人才的教育培训项目。

1.initial training（初期培训）

进入公司后，新员工培训课程分为初期培训和包括客舱服务在内的一般培训，根据航空公司的培训方案，新员工会进行数月培训以取得客舱乘务员资格。

初期培训属于法定培训，航空公司必须满足法定要求的各种条件， 并使用国家批准或许可的项目进行培训。

initial training（初期培训）	
航空公司整体工作的基本培训	dangerous goods（危险物品）
emergency evacuation（紧急撤离）	crew resource management（机组资源管理）
emergency landing（紧急着陆）	aviation first aid（航空急救措施）
emergency ditching（紧急迫降）	safety management system（安全管理系统）
emergency equipment（紧急设备）	supervised line experience（带飞检查）

2.recurrent training（定期培训）

定期培训是初期培训后，每年（之前培训后满 12 个月）必须定期进修的法定安全培训项目，以保留客舱乘务员的资格。

未接受定期培训将丧失客舱乘务员资格，不能继续飞行工作，只有重新完成资格项目培训才能获得搭乘飞机工作的资格。

定期培训项目与除航空公司整体工作的基本培训以外的初期培训科目相同，但会提高培训内容和方式的水准，每个航空公司也会追加开设培训科目。

定期培训最重要的目的就是通过反复训练，使客舱乘务员在任何紧急情况下都能不慌不忙按照接受训练的流程做出反应和行动，因此每年定期训练同一科目的内容尤为重要。

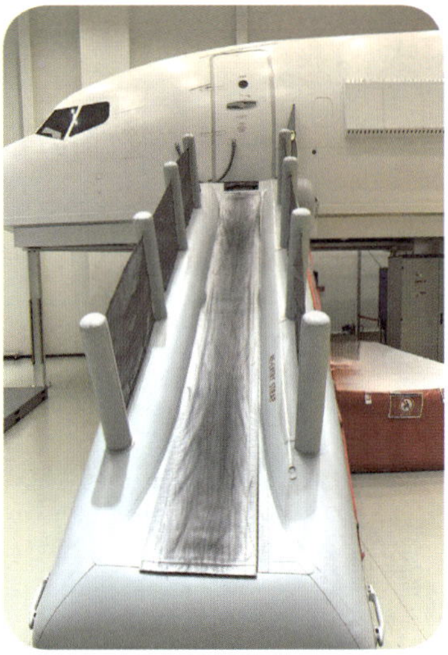

single lane slide（单道滑梯）紧急撤离训练设施

double lane slide （双道滑梯）紧急撤离训练设施

国内航空公司水上紧急迫降训练设施——huddle（抱团）

国外航空公司水上紧急迫降训练设施——canopy（帐篷）

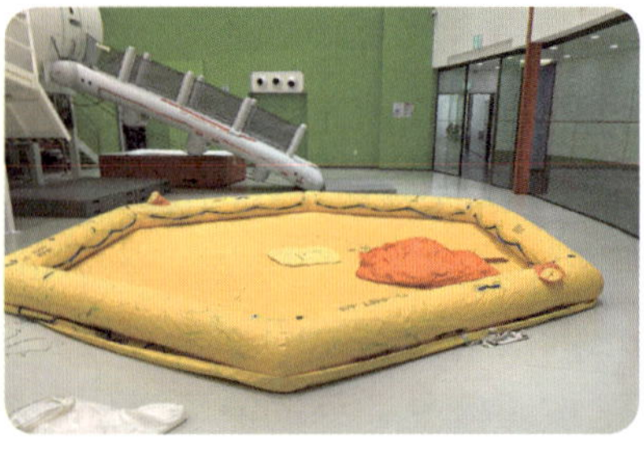

国外航空公司水上紧急迫降训练（救生筏）设施——inflatable life raft（充气救生筏）

国外航空公司 B737 door trainer（舱门训练模拟器）

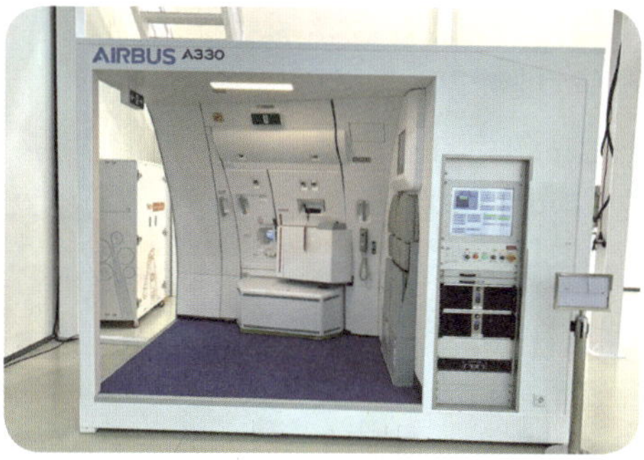

国外航空公司 A330 door trainer（舱门训练模拟器）

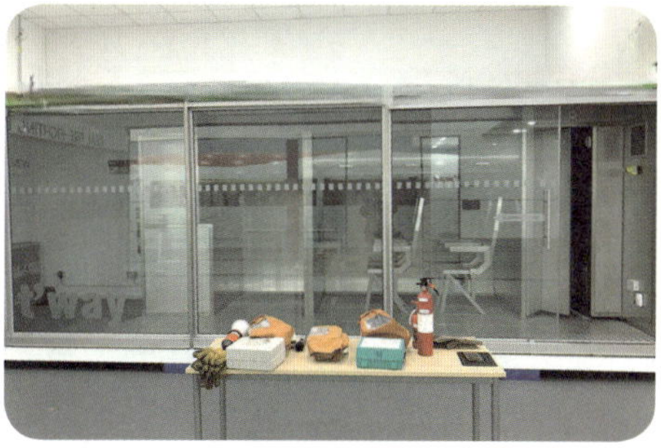

国外航空公司灭火装备训练设施

国外航空公司灭火装备

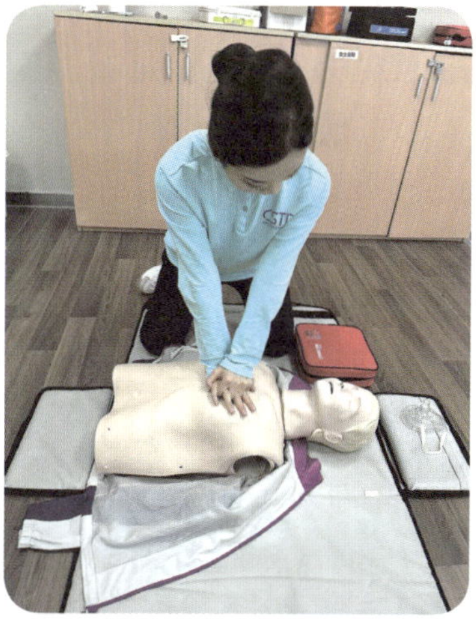

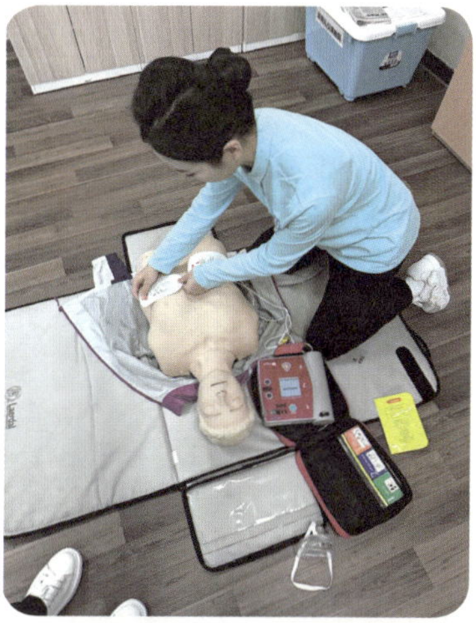

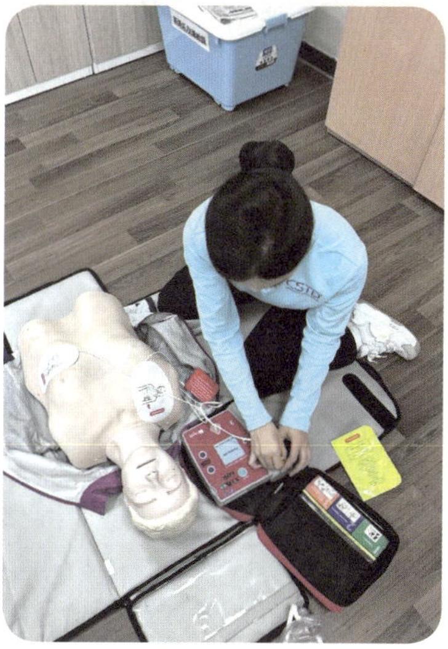

国内航空公司 CPR（心肺复苏术）实习训练（使用 AED 自动体外除颤仪）

五 客舱乘务员的飞行日程

虽然各航空公司对客舱乘务员的日程分配日期不同，但大部分会在每月中旬之后提前接到下个月的飞行日程。

虽然飞行时间因人而异，但每月平均飞行时间为 60~100 小时，根据国际民航组织 (ICAO) 规定限制飞行时间，管理客舱乘务员的安全和疲劳度。

1. 飞行时间

飞行时间是指客舱乘务员乘坐飞机执行飞行任务的时间。时间计算标准是指从飞机准备起飞时开始移动的时间 [push back(飞机推出)] 到飞行结束后停止的时间 [ramp in (飞行结束后到达停机坪后停止)] 的总时间。

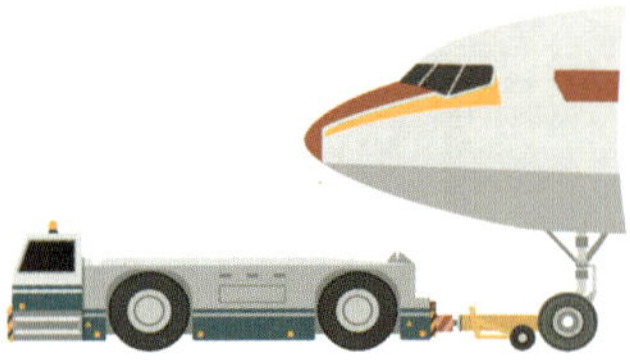

客舱乘务员从到公司做飞行准备工作、登机进行乘客登机前的地面工作、乘客开始登机到飞机舱门关闭的时间为止，不计入飞行时间。

2. 最长工作时间标准

客舱乘务员最长飞行时间 1 个月 (历月) 不得超过 120 小时，3 个月 (季度) 不得超过 350 小时，1 年 (历年) 不得超过 1 200 小时，以此来管理客舱乘务员的疲劳度。

日程管理规定

- day off（休息日）

长途飞行后，会休息 2~3 天以消除疲劳，1 个月能休息 8~12 天。另外， 不可连续工作 7 天，工作 6 天后要连续休息 24 小时以上。

- schedule swap（日程变更）

与其他职业不同，由于客舱乘务员的周末和法定节假日不能得到保障，因此必要时在考虑同事相互间的级别或 duty code (责任号位) 、是否有广播资格等事项后，每月可向日程管理部门申请 1~2 次的调休。根据各航空公司是否实施 schedule swap (日程变更) 制度而有所不同。

- **schedule request（日程申请）**

客舱乘务员每月可以申请1次本人希望的飞行日程，但并不能百分之百得到同意。

- **stand by（备份）**

stand by（备份）指为应对因病假、缺勤、迟到（以未参加航前准备会为准）、飞行时间规定等因素无法执行当天日程的空缺情况而运营的工作形式，客舱乘务员需在公司指定的场所工作。stand by（备份）分为在家 stand by（备份）和在公司 stand by（备份），每个航空公司规定会有所不同。

STAND BY 备份工作状态

- **在家 stand by（备份）**

虽然每个航空公司规定会有所不同，但都有固定的时间，如果因个人外出而不能迅速投入飞行，就会按照玩忽职守进行处理，所以客舱乘务员要特别注意。对于在家 stand by（备份）的时间及注意事项会另行通知。

- **在公司 stand by（备份）**

在公司 stand by（备份）期间，为了随时投入飞行工作，要准备好短途和长途飞行用的行李来上班，仪容仪表也要处于可以直接投入飞行的状态。上班后不得离开公司指定的场所，必须遵守备份规定和时间，以免影响飞行。虽然每个航空公司规定会有所不同，但考虑到备份乘务员的便利，在乘务员休息空间内会单独提供睡眠空间。

一般来说，在公司 stand by（备份）时会按时间段分配， 在各时间段安排备份乘务员以便轮班工作。

- ▶ stand by A: 05:00~10:00
- ▶ stand by B: 10:00~15:00
- ▶ stand by C: 15:00~20:00

六 客舱乘务员的形象塑造

航空公司客舱乘务员是代表公司形象的职业，是在有限的空间里与乘客接触时间最长的职业，因此要做好形象塑造管理。

客舱乘务员的 appearance（仪容仪表）大致可以分为容貌和服饰两部分。容貌是指 make-up（妆容）、hair-do（发型）、accessory（配饰）等构成客舱乘务员外貌的所有要素，服饰是指公司发放的制服、围裙、包、鞋子等。

因此，appearance（仪容仪表）是指包括容貌、服饰、attitude（态度）在内的综合形象。

总体上各航空公司都投入了大量的时间和费用对清洁干净的皮肤、靓丽的妆容、端庄的发型等方面进行培训，以打造航空公司要求的客舱乘务员形象。客舱乘务员在飞行前要严格检查自己的 appearance（仪容仪表），而且各航空公司也会通过多元化的人事评估制度对此进行持续管理。客舱乘务员的内在、外在形象会对公司形象产生很大的影响，由端庄整洁的客舱乘务员为乘客提供服务，从乘客的角度来看将直接与服务满意度紧密相连。

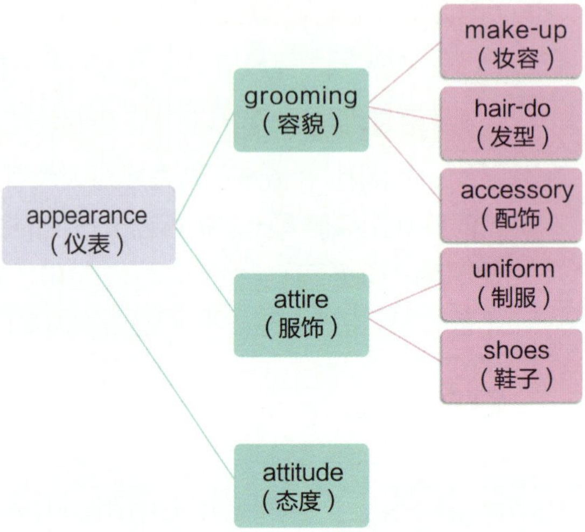

上下班时的服饰规定

- 虽然每个航空公司都以不同的规定管理客舱乘务员的服饰，但大部分航空公司都允许客舱乘务员穿着制服上下班。
- 由于制服代表所属航空公司，因此，客舱乘务员在穿制服上下班时，尤其是制服外露时必须穿着符合飞行规定的全套制服（例如，不可散着头发穿制服、用制服上衣搭配私服裤子或裙子、在制服裤子或裙子上搭配私服上衣等）。
- 制服要一直保持清洁，穿戴整齐，以免起皱。上下班时，限制出入有损客舱乘务员形象的场所。
- 在制服上面混搭私服时，要避免制服外露。
- 要穿戴整齐，妆容整洁，发型符合规定。
- 禁止解开丝巾或摘下发夹等破坏整体制服穿戴的行为。

妆容规定

- 整体上选择与制服相配的自然妆容，为使昏暗的客舱环境显得明亮，宜选择亮丽的颜色。
- 比起过分赶时髦的妆容，更应该和公司的制服相协调。
- 上班时随时检查化妆状态，为乘客呈现端庄的妆容。
- 男乘务员一定要刮好胡子，保持清洁状态，为了防止皮肤产生角质，应注意进行保湿管理。

发型

- 问候或接待乘客时，侧面头发要固定住，不要遮住脸，刘海要使用定型产品固定，以免遮住眼睛。
- 头发禁止染过于华丽的颜色。
- 在餐饮服务过程中，不能做经常摸头发的动作，以免乘客觉得不卫生，要时刻保持端庄、固定好的发型状态。

- 因为客舱环境干燥，所以留短发时，为了防止头发产生静电，要使用护发产品进行管理。
- 男乘务员应使用发型管理产品保持头发清洁整齐，避免头发太短或太长（如运动发型、接触衬衫领子的长度）。

微笑

- 端庄形象和亮丽的微笑是客舱乘务员的必备要素。
- 因为在客舱这一有限的空间里接待乘客，所以要经常给乘客留下开朗、舒适的印象。
- 客舱乘务员明媚亲切的微笑能够起到消除乘客不便因素的作用。

- 客舱乘务员平时要做露牙、放松嘴角肌肉的面部运动，具备展现积极状态的能力。

正确姿势

- 为了成为能够提供高品质服务的客舱乘务员，要练习正确的仪态和走姿。
- 要挺直后背走路，走路时双膝轻微摩擦走一字步。
- 客舱乘务员在机场走动时也会受到人们的关注，所以要注意不要拖着皮鞋无力地行走。

- 在客舱这一有限的空间里，为了不妨碍乘客休

息，客舱乘务员在通道、厨房、楼梯走动时要注意鞋跟不要发出太大的声响。

因为其他工作上下班时

- 穿职业便装，不能穿运动服或休闲装。
- 穿正装时，要穿与之相配的皮鞋，禁止穿拖鞋型的休闲鞋。
- 不要穿牛仔裤、运动鞋或过于暴露的服装。
- 避免素颜或不端庄的发型。

在国外逗留期间的形象塑造

- 身着职业正装或职业便装以保持公司形象，也可展现作为客舱乘务员的品位。
- 不要穿过于休闲或过于暴露的服装。
- 化基础底妆，避免素颜和不端庄的发型。
- 在酒店大厅吃饭时注意不要大声喧哗。

02 CHAPTER

PRE-FLIGHT PREPARATION TASKS

航前准备工作

- show up(上班)
- pre-flight cabin crew briefing (航前准备会)
- crew coordination briefing (机组协同会)
- 前往机场
- 城市和机场代码

一 show up (上班)

学习目标

- 了解执行飞行任务时携带必需物品的目的。
- 了解飞行前的准备工作并熟悉内容。

1. 准备会议

穿着制服上班时，作为代表航空公司形象的客舱乘务员必须遵守飞行工作中的 make-up (妆容) 和合规 hair-do (发型) 标准；穿着便装时，必须保持端庄的容貌和服饰来展现符合身份的品位。

虽然各航空公司对客舱乘务员的上班时间规定不同，但大部分国际航线在飞行出发时间前的 2 小时至 2 小时 10 分需召开航前准备会，因此客舱乘务员要在航前准备会开始前至少 30 分钟至 1 小时到公司上班，这是因为需要留出准备会议并检查仪容仪表的时间。

另外，与其他一般职业不同，由于必须配合准时出发的航班日程安排，客舱乘务员的上班时间更需要准时，而且相关规定也更加严格，因此，客舱乘务员要考虑到季节、气候、交通堵塞等各种情况，准时 show up（上班）。show up（上班）后，在公司确认出勤系统中输入本人的 ID（员工编号）和 password（密码），确保公司出勤报告正常。show up（上班）时，必须身着制服。

非正常上班

- miss flight ▶ 是指缺勤，即在飞行工作日直到机组协同会结束为止都没有 show up（上班）。各航空公司对 miss flight（缺勤）的时间规定可能会有所不同。

- late show up ▶ 是指迟到，即超过飞行工作日公司规定的 show up（上班）时间后进行 sign on（签到）的情况。

已 show up（上班）的客舱乘务员在参加航前准备会之前，要确认最近公司的公告事项和当天乘坐的航班机型、设备和系统、客舱设备、目的地信息、相关国家出入境材料及海关规定、乘客现状、服务流程等飞行相关信息，做好准备工作。

准备会议的主要内容

- flight information（飞行信息）▶ 飞行日程、飞行时间、目的地信息、机型等。
- crew list（机组名单）、duty assignment（任务分配）▶ 客舱乘务员名单及分工。
- port（出发地 / 目的地）、route（航线）、service information（服务信息）▶ 出发地及目的地信息、飞行路线、客舱服务设备等。
- safety review（安全复查）▶ 确认安全及安保检查内容。
- service procedure（服务流程）▶ 各等级客舱服务流程。
- updating with the latest notice & information（更新最新通知和信息）▶ 确认公司最新公告及变更事项。

2.appearance check（检查仪容仪表）

飞行前要重新检查制服和皮鞋的清洁状态、make-up（妆容）和hair-do（发型）状态，并确认服务所需围裙的熨烫和清洁状态，以此对客舱乘务员的形象进行管理。另外，必须检查是否携带了飞行工作时的必需品并确认有无异常。

客舱乘务员必备携带品

- 出境所需物品。
- 护照和签证。
- 航空公司客舱乘务员资格证明物品。
- 员工卡、客舱乘务员登记证。
- 规范及规定。
- 工作规范、机上广播词、工作规定手册。
- 工作物品。
- 围裙、客舱鞋、各种资料。
- 私人物品。
- 手表、便利贴、笔、化妆品、香水等。

二 pre-flight cabin crew briefing（航前准备会）

完成个人飞行准备的客舱乘务员要在公司规定的时间，在指定的场所参加由该航班乘务长主持的航前准备会。

航前准备会内容

清点人员及相互介绍 → 检查飞行准备 → 确认飞行信息 → 确认安全及安保事项 → 确认客舱服务信息 → 共享工作重要事项 → 各class（等级舱）会议

- **会议负责人**

由该航班客舱乘务长主持会议。

- **清点人员及相互介绍**

乘务长掌握该航班所有客舱乘务员的姓名和人数，发现异常时迅速采取措施，以免对飞行造成影响。

- **检查飞行准备**

appearance check（检查仪容仪表）后，检查是否携带业务规范（e-book）、广播手册、护照、ID card（员工卡）、客舱乘务员登记证等飞行中的必需品。

- **确认飞行信息**

确认相关航班机型与目的地信息、到达时间和时差、duty（责任）分配、各班次乘客预约情况(特殊乘客、预定特殊飞机餐等)后共享。

- **确认安全及安保事项**

通过业务规范熟悉相关机型的安全及安保设备位置、确认紧急出口位置和使用方法，确认安全及安保相关事项。

- **确认客舱服务信息**

确认相应各 class（等级舱）的服务流程。

- **共享工作重要事项**

乘务长根据飞行特点传达相关国家出入境流程及需要重点强调的注意事项。

- **各 class（等级舱）会议**

客舱乘务长负责的航前准备会结束后，由各等级舱的资深乘务员主管共享详细的分工及强调注意事项。

Tips **航前准备会的目的**

事前检查并重新确认程序是为了保障相关航班服务的顺利进行，同时保障乘客及乘务员的安全，主要内容为飞机结构、应急设备、安保事项、乘客现状、客舱服务等，因此在航前准备会之前，要通过航空公司公告确认包括安全及安保事项在内的服务相关信息，熟知 update(更新)后的内容。

航空公司航前准备会示例

负责人	项目	内容
客舱乘务长	检查飞行准备	● 确认乘务员人数及 duty（工作安排） ● 乘务员互相检查仪容仪表 ● 确认是否携带必需品 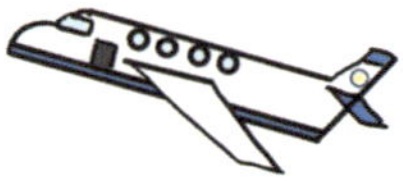
	检查业务知识	● 与航线相关的服务事项 ● 安全及安保（确认应急安保维修检查内容、紧急出口启动方法、应急处理程序） ● 共享接待乘客（共享乘客表扬及不满事例）方案 ● 共享强调事项（公司指示及强调的传达事项）
	检查飞行信息	● 确认相关航班的出发及到达时间、飞行时间和时差 ● 相关航班机型 ● 共享乘客预约情况、是否搭载 special meal（特殊餐）、特殊乘客信息 ● 确认客舱服务顺序及流程，确认各等级舱 meal type（餐食类型） ● 确认目的地信息及航线特殊事项以及出入境规定
客舱销售负责人	客舱销售相关事项	● 指定客舱销售负责人 ● 确认免税相关标准事项 （免税限额、保税品处理方法、指定销售负责人）
各 class（等级舱）资深乘务员	各等级舱强调事项	● 共享高级乘客信息 ● 共享服务时的注意事项和强调事项

三　crew coordination briefing（机组协同会）

由该航班机长主持，全体机组人员参加，在公司规定的时间召开机组协同会。机长指示机组人员需遵守最新的民航安保等级标准，介绍实际飞行时间、目的地气象状态、航运航线等信息，并共享当天飞行的特殊事项。

机组协同会内容

清点人员及互相介绍 → 安全及安保检查 → 确认飞行信息 → 确认紧急程序 → 确认最终乘客预约情况及货物搭载情况 → 协助事项

● 会议负责人

在公司指定的场所由该航班机长主持机组协同会。但是，在特殊情况下，可以在机长指定的场所或以机长指定的方式召开。

● 清点人员及互相介绍

机长确认该航班的所有航运和客舱乘务员是否出席，并介绍当天的航班机长和副机长。

● 安全及安保检查

传达出入驾驶室程序、turbulence（气流颠簸）时 seat belt sign（安全带指示灯）的开启方法、发送 10 000 英尺标准信号和 approaching（接近着陆）及 landing sign（着陆信号）方法、起降时联系驾驶舱标准程序、当前安保阶段、安保注意事项等。

● 确认飞行信息

传达飞行时间、高度、航线、目的地气象、航线气象、飞行中气流情况、载货情况等。

● 确认紧急程序

传达突发事件应急信号使用方法、紧急撤离时间、机长紧急撤离指令等。

● 确认最终乘客预约情况及货物搭载情况

传达各等级舱的最终预约状况，VIP（贵宾）、special care passengers（特殊照顾乘客）的信息和货物搭载量以及搭载品的特殊事项。

● 协助事项

传达有关乘客安全和便利的其他必要协助事项。

VIP（贵宾）、special care passengers（特殊照顾乘客）

- VIP（贵宾）
  ▶ 是指非常重要的人，一般来说会为之提供特别的待遇或礼遇。
- special care passengers（特殊照顾乘客）
  ▶ 是指需要特别关怀或照顾的乘客。

四 前往机场

所有准备会结束后，客舱乘务员将携带所有必需品前往机场，通过安检台后乘坐飞机。

五 城市和机场代码

国际航空运输协会 (International Air Transport Association ，IATA) 以 3 个字母为基准，按照字母顺序排列世界各城市和机场以供各国使用。当一个城市只有一个机场时，机场代码和城市代码相同；当一个城市拥有两个以上机场时，机场代码和城市代码不同。

另外，全世界所有航空公司或机场在输入相关资料或信息时都使用相关代码，因此，即使不是本公司通航的城市，客舱乘务员也要尽可能熟悉这些城市的代码，展现接待乘客的专业性。

中国部分城市和机场代码示例

城市名称	机场代码	机场名称	城市名称	机场代码	机场名称
哈尔滨	HRB	哈尔滨太平国际机场	天津	TSN	天津滨海国际机场
北京	PEK	北京首都国际机场	北京	PKX	北京大兴国际机场
香港	HKG	香港国际机场	深圳	SZX	深圳宝安国际机场
西安	XIY	西安咸阳国际机场	海南	HAK	海口美兰国际机场
厦门	XMN	厦门高崎国际机场	上海	PVG	上海浦东国际机场
延吉	YNJ	延吉朝阳川国际机场	宁波	NGB	宁波栎社国际机场
乌鲁木齐	URC	乌鲁木齐地窝堡国际机场	台北	TPE	台湾桃源国际机场
昆明	KMG	昆明长水国际机场	黄山	TXN	黄山屯溪国际机场
济南	TNA	济南遥墙国际机场	合肥	HFE	合肥骆岗国际机场
吉林	JIL	吉林二台子机场	佳木斯	JMU	佳木斯东郊机场
珠海	ZUH	珠海金湾机场	杭州	HGH	杭州萧山国际机场
郑州	CGO	郑州新郑国际机场	福州	FOC	福州长乐国际机场
大连	DLC	大连周水子国际机场	重庆	CKG	重庆江北国际机场
成都	CTU	成都双流国际机场	武汉	WUH	武汉天河国际机场

※ 除此之外，机场代码要通过国家航空信息网站进行确认。

国外部分地区（含城市、岛屿）和机场代码示例

地名	机场代码	机场名称	地名	机场代码	机场名称
新加坡	SIN	新加坡樟宜机场	马尼拉	MNL	尼诺伊·阿基诺国际机场
胡志明	SGN	新山一国际机场	吉隆坡	KUL	吉隆坡国际机场
新德里	DEL	英迪拉·甘地国际机场	普吉岛	HKT	普吉国际机场
曼谷	BKK	素那万普机场	东京	NRT	成田国际机场
大阪	KIX	关西国际机场	福冈	FUK	福冈机场
关岛	GUM	安东尼奥·博尔哈·汪帕特国际机场	塞班岛	SPN	塞班岛科布勒国际机场
悉尼	SYD	悉尼金斯福德·史密斯机场	伦敦	LHR	希思罗机场
巴黎	CDG	巴黎夏尔·戴高乐机场	罗马	FCO	罗马菲乌米奇诺机场，也称为列奥那多·达芬奇国际机场
阿姆斯特丹	AMS	阿姆斯特丹史基浦机场	法兰克福	FRA	法兰克福机场
洛杉矶	LAX	洛杉矶国际机场	旧金山	SFO	旧金山国际机场
檀香山	HNL	丹尼尔·健·井上国际机场	芝加哥	ORD	奥黑尔国际机场
西雅图	SEA	西雅图–塔科马国际机场	拉斯维加斯	LAS	哈里·里德国际机场
华盛顿哥伦比亚特区	IAD	华盛顿杜勒斯国际机场	纽约	JFK	约翰·菲茨杰拉德·肯尼迪国际机场
多伦多	YYZ	多伦多皮尔逊国际机场	温哥华	YVR	温哥华国际机场

※ 除此之外，机场代码要通过国家航空信息网站进行确认。

03 CHAPTER

PRE-BOARDING PREPARATIONS FOR PASSENGERS

乘客登机前的准备工作

- 整理客舱乘务员的随身物品
- 客舱安全及安保检查
- 机上设施和系统检查
- 客舱服务用品检查
- 餐饮服务准备
- 地面服务准备

一 整理客舱乘务员的随身物品

学习目标

- 了解客舱乘务员进行飞行准备工作的目的和相应的工作流程。
- 掌握客舱乘务员需要检查的项目，以便提供安全、舒适的服务。

1. 女乘务员搭配制服的皮鞋

以女乘务员为例，大部分航空公司发放的工作鞋有高跟鞋和平底鞋两种。

在飞机外走动时穿的高跟鞋跟高为 5~7 厘米，可以根据个人的喜好进行选择。

一般来说，有跟的皮鞋主要用于遵守礼仪的正式场合，有助于保持挺拔的身姿，因此会提供有跟的皮鞋和制服一起搭配来展现更专业的形象。另外，根据自己的体型、身体状态和喜好，可以选择低跟皮鞋。

相反，在有限的飞行时间内，与在地面时不同，需在高空迅速、顺畅地进行工作，高跟鞋会带来很多不便。

因此，乘机后需根据规定更换公司发放的平底鞋，以便于迅速、有效地工作。

平底鞋鞋跟普遍较低，鞋头呈圆形。

平底鞋

高跟鞋

2. 男乘务员搭配制服的皮鞋

大部分航空公司发放的男乘务员工作鞋不分地面鞋和机上鞋，只发放一种。 一般提供带鞋带的皮革材质样式。男乘务员要经常保持皮鞋的光泽和清洁，经常检查鞋跟的磨损情况，并定期更换鞋跟。

男乘务员工作鞋

3. 随身物品管理（客舱乘务员随身行李）

客舱乘务员执行飞行任务时携带的随身行李中，装有围裙、客舱鞋、化妆包、manual（手册）等 flight bag（飞行包）以及长途飞行时滞留海外时使用的 layover bag（过夜袋）、carrier bag（便携包 / 袋 / 箱）和 hanger bag（挂衣袋）等。

客舱乘务员登机后，应整理可携带的个人物品，如 flight bag(飞行包)、carrier bag（便携包 / 袋 / 箱）和 hanger bag（挂衣袋）等。

虽然根据各航空公司规定或机型的标准可能略有不同，但飞行中工作所需的围裙、化妆包等个人用品基本上保管在自己负责的galley(厨房)内或周边带有门的空间里以便使用；而 flight bag（飞行包）、carrier bag（便携包 / 袋 / 箱）、hanger bag（挂衣袋）则保管在负责区域周围最后一排乘客座位后侧下方、overhead bin(舱顶行李架)和coatroom(衣帽间）等处。

但是，座位下方必须设置固定装置，在设置应急设备的

flight bag （飞行包）

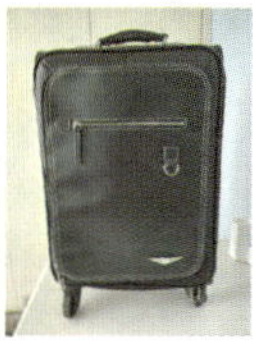
carrier bag
（便携包 / 袋 / 箱）

hanger bag（挂衣袋）

地方不能保管乘客和乘务员的行李，而且不能放置在乘客座位周围或 door side（舱门侧）等地。

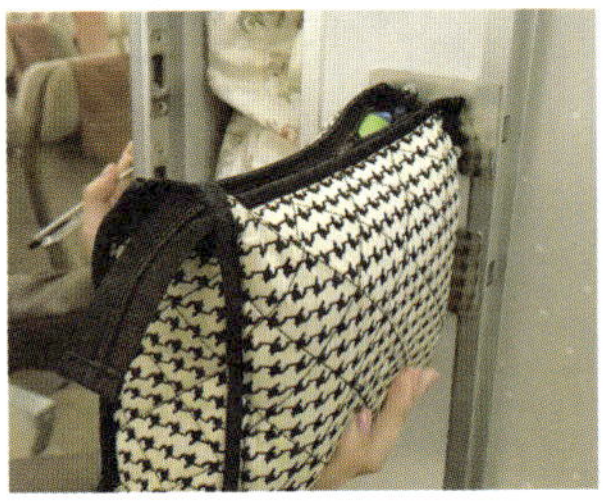

存放化妆包

存放在舱顶行李架上

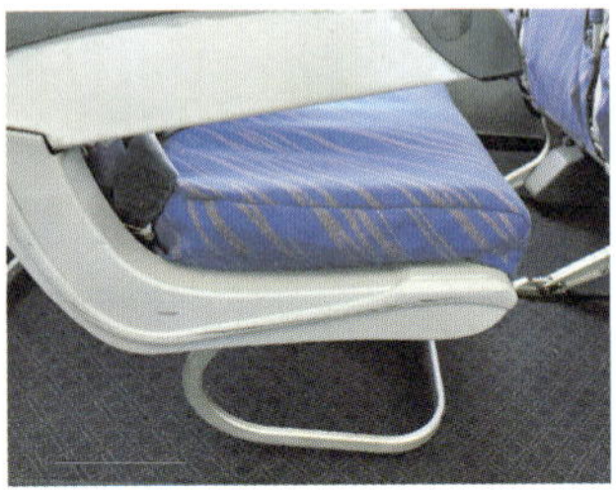

存放在乘客座位下方

在各 zone（区域）最后一排乘客座位后面存放行李的示例

当乘客座位后方的应急设备安装在drawer（抽屉）内时可将行李存放在座位后面。

乘客座位后方安装的应急设备外露时，禁止存放行李。

二 客舱安全及安保检查

登机后，客舱乘务员整理好个人随身物品后，根据相关航班客舱乘务长的口头指示[使用 PA（公共广播系统）]，客舱乘务员应在各自分配的负责 zone（区域）迅速开展基于客舱工作规范的安全及安保检查。

另外，检查结束后，客舱乘务员需向客舱乘务长报告有无异常，客舱乘务长接收报告后，再向机长报告。在乘客登机前采取必要措施确保飞行安全。即使后续采取的安全措施会影响该航班准时出发，也必须始终将飞行安全置于首位。因此，要按照正确的流程对异常情况采取必要的应对措施。

1. 检查安全及安保的目的

保障乘客安全 | 应对紧急情况 | 遵守飞机航运规定 | 赢得乘客的信赖

保障乘客安全

飞机起飞前进行客舱安全及安保检查的目的是消除或提前预防潜在的危险因素，是以保障乘客安全为前提实施的至关重要的程序。

应对紧急情况

通过确认飞行中发生紧急情况时使用的紧急设备、安保设备、急救设备的搭载状态，检查紧急出口是否启动及 slide mode（滑梯模式）状态，只有做好这些检查环节，在发生紧急情况时才能确保乘客安全撤离。

遵守飞机航运规定

安全及安保检查是遵守中国民用航空局和航空公司内部规定的必要环节， 客舱乘务员要严格遵守相关规定以确保飞机安全飞行。

赢得乘客的信赖

安全及安保检查是赢得乘客信任感的关键因素。客舱乘务员认真执行安全及安保检查，确认飞机内部的安全状态会使乘客更加安心，产生信任感。

2. 安全及安保检查标准

应急设备检查 | 急救设备检查 | 安保设备检查 | 客舱内部空间检查

- 应急设备检查 ▶ 检查灭火设备、紧急撤离及水上迫降设备是否存在异常情况。
- 急救设备检查 ▶ 检查用于实施急救措施的设备有无异常。
- 安保设备检查 ▶ 检查应对飞机恐怖袭击、爆炸物、滋事乘客等情况的设备有无异常。
- 客舱内部空间检查 ▶ 检查客舱、galley（厨房）、卫生间内所有空间，查看是否存在特殊事项。

应急设备检查

客舱乘务员需仔细检查应急设备的最新状态及搭载数量等是否存在异常，并向客舱乘务长如实报告检查结果。

预防火灾及灭火设备检查事项

Halon fire extinguisher（海伦灭火器）

- 原位。
- seal（铅封）状态完好。
- 压力表 green band（绿线）位置。

功能：可以扑灭电力、油等引发的所有类型火灾。

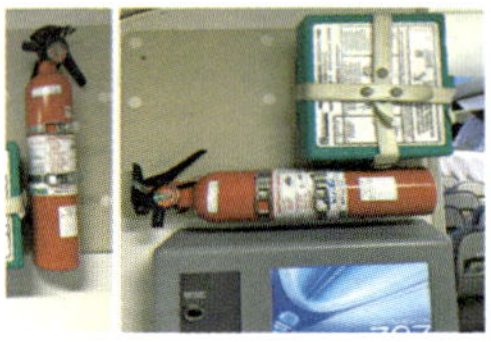

海伦灭火器

H_2O fire extinguisher（水型灭火器）

- 原位。
- seal（铅封）状态完好。

功能：可以扑灭纸张或服装上发生的火灾。

水型灭火器

PBE（protective breathing equipment，呼吸防护设备）

- 原位。
- seal（铅封）状态完好。

功能：发生火灾时，可以在烟雾或有毒气体中保护呼吸及面部并保障视野清晰。

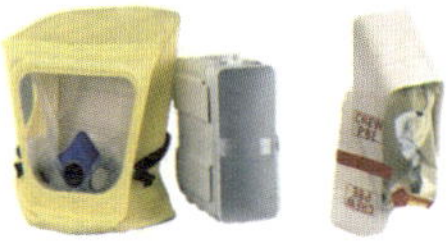

呼吸防护设备

protective gloves（防护手套）

- 原位。
- 数量。

功能：灭火时保护手部，夹起危险物或疑似危险物品时使用。

防护手套

smoke detector（烟雾报警器）

- 确认位置。
- 确认有无异物。
- 确认 smoke detector（烟雾报警器）内 green light [ON]（绿灯开启）状态。

功能：是检测客舱卫生间内产生的烟雾并发出警报信号的设备。

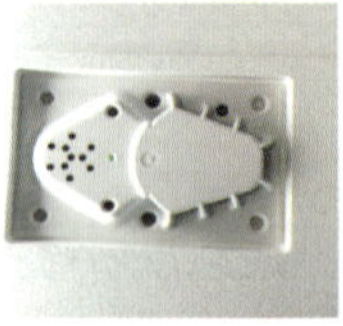

烟雾报警器

crash axe（救生斧）

- 原位（驾驶舱内）。
- 固定状态。

功能：用于清除发生火灾时妨碍灭火的障碍物或残骸。

救生斧

circuit breaker（断路器）

- 确认位置。
- circuit breaker（断路器）凸起状态。
- 黑色按钮形态。

功能：用于预防电器设备过载引起火灾而切断电源的装置。

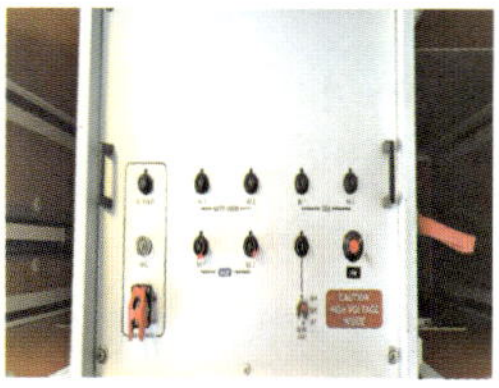

断路器

紧急撤离及水上迫降设备的检查内容

ELS（emergency lighting system，应急照明系统）

- 操作开关位置。
- 是否可以正常启动。

功能 紧急情况下，向乘客标明紧急出口及撤离通道位置。

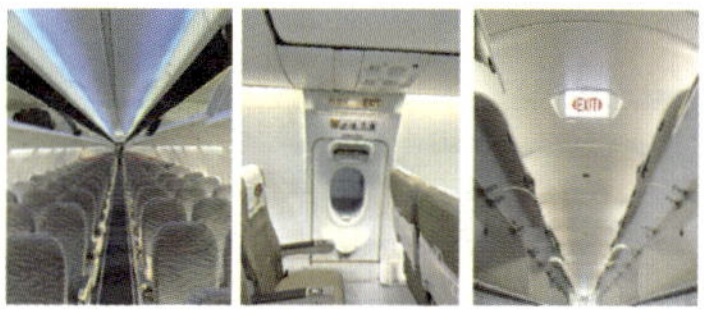

应急照明系统

life vest（救生衣）

- 原位。
- 搭载的数量及状态是否良好。

功能：紧急水上迫降时，可以让逃离飞机的乘客佩戴以获救。

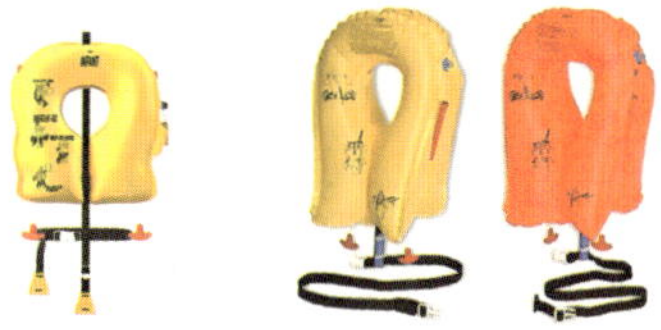

幼儿救生衣　成人救生衣　乘务员救生衣

cabin crew life vest（乘务员专用救生衣）

- 原位。
- 搭载数量及状态是否良好。

功能：颜色与乘客的不同，在紧急水上迫降时，乘务员穿戴后实施救助乘客行动。

乘务员专用救生衣

flashlight（手电筒）

- 原位。
- 充电指示灯 [ON/OFF]（闪烁）状态。

功能：在发生紧急情况时可以引导乘客撤离，确保夜间视野。

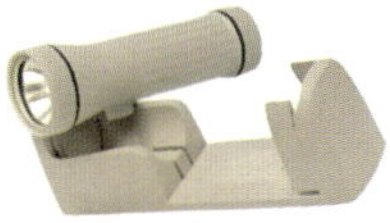

手电筒

megaphone（扩音器）

- 原位。
- 是否可以正常使用。
- 固定状态。

功能：用于紧急情况下或广播系统出现故障时向乘客传达信息和指挥撤离。

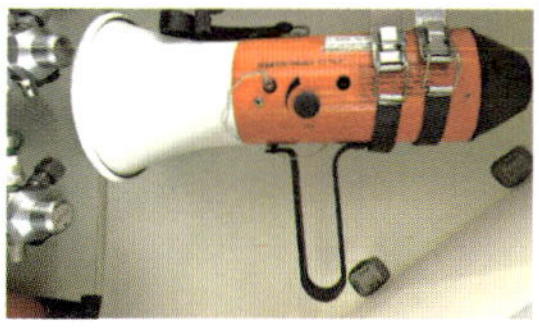

扩音器

ELT（emergency locator transmitter，应急定位发射机）

- 原位。
- 固定状态。

功能：作为发送电波求救的设备， 可以告知遇难位置。

应急定位发射机

life raft（救生筏）

- 原位。
- 保管状态。

功能：在紧急水上迫降时从飞机上撤离后使用的漂浮设备。

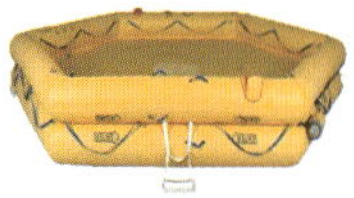

救生筏

slide（滑梯）

- 确认压力表 green band（绿色条带）。
- slide（滑梯）的 container（保管箱）保管状态。

功能：在紧急水上迫降时，用于乘客和乘务员从飞机上撤离到地面。

滑梯

急救设备检查

在飞机上有患者等紧急情况发生时，客舱乘务员不需诊断患者状态或开处方，而应在移交给医护人员之前依据各航空公司的航空客舱业务规范使用客舱内搭载的应急设备，进行必要的应急处理。

急救设备的检查内容

oxygen bottle（氧气瓶）

- 原位。
- 面罩和管子的连接状态是否稳固。
- 供氧管是否牢固接入 oxygen outlet （ 氧气瓶输出口）。
- 确认压力 gage（测量仪表）1 600 psi（1 psi ≈ 6895 Pa）数值。

功能：用于突发事件和应急处理，用于需要氧气的乘客。

氧气瓶

FAK（first-aid kit，急救箱）

- 原位。
- seal（铅封）状态完好。

功能：用于飞行中乘客发生挫伤或腹痛等事故及疾病的应急处理。

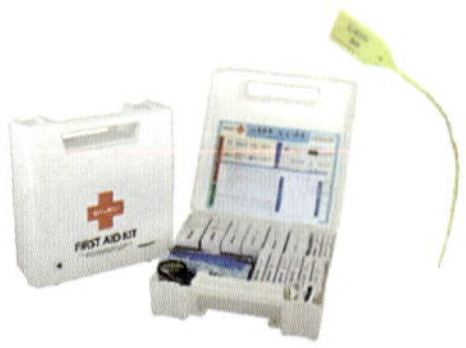

急救箱

EMK（emergency medical kit，应急医疗箱）

- 原位。

● seal（铅封）状态完好。

功能：飞行中出现急救患者时，用于医务人员进行专业救治而配备的药品和医疗仪器。

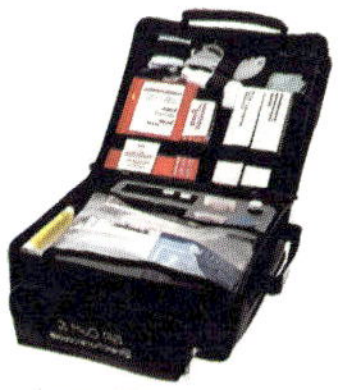

应急医疗箱

AED（automated external defibrillator，自动体外除颤仪）

● 原位。

● 绿灯 [ON]（开启）状态。

功能：这是对心脏骤停状态患者进行电击， 使心脏恢复正常运转的仪器。

自动体外除颤仪

UPK（universal precaution kit，卫生防疫包）

● 原位。

● seal（铅封）状态良好。

功能：用于安全处理飞行中可能传播疾病的物质，防止乘客感染。

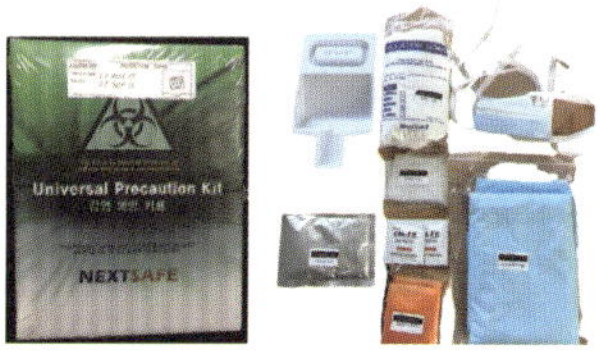

卫生防疫包

安保设备检查

机上需搭载安保设备，用于处理危害飞机安全运行的爆炸物、管控滋事乘客以及应对飞机恐怖袭击。

客舱乘务员应熟知安保设备的使用方法，以便冷静地采取措施，迅速制服滋事乘客。

安保设备检查内容

防爆设备

● 原位。

● 确认有无异物。

功能：防爆设备包括防爆垫和防弹服，在机上发现爆炸物时使用 。

防爆设备

安保设备

● 原位。

● 确认状态。

功能：搭载了手铐、绳索、绑带、Taser gun（泰瑟枪），用于发生恐怖袭击或发现扰乱性乘客时使用。

手铐

绳索

绑带

泰瑟枪

应急安保设备明细表

分类	设备	检查事项
共同设备	cabin crew life vest （乘务员专用救生衣）	● 原位 ● 数量及状态
	flashlight （手电筒）	● 原位 ● 数量及状态 ● 亮灯状态
	seat belt extension（加长安全带）	● 原位
	安全演示设备	● 原位
急救设备	portable oxygen bottle （便携式氧气瓶）	● 原位 ● 面罩和便携式氧气瓶接口的连接状态 ● 压力测量仪表的数值为 1 600 psi 以上
	FAK（急救箱）	● 原位 ● seal（铅封）状态
	EMK（应急医疗箱）	● 原位 ● seal（铅封）状态
	AED（自动体外除颤仪）	● 原位 ● 确认 battery（电池）状态绿灯
	on board wheelchair（机上轮椅）	● 原位
	resuscitator bag（人工呼吸袋）	● 原位
	UPK（卫生防疫包）	● 原位
灭火设备	water-type fire extinguisher（水型灭火器）	● 原位 ● seal（铅封）状态
	Halon fire extinguisher（海伦灭火器）	● 原位 ● seal（铅封）状态
	smoke detector（烟雾报警器）	● 原位 ● 有无异物 ● green light ON（绿灯亮）
	fire extinguisher（灭火器） 热感应型灭火器，在卫生间垃圾桶旁边	● 原位

分类	设备	检查事项
灭火设备	circuit breaker（断路器）	● 原位 ● 有无异物
	PBE（呼吸防护设备）	● 原位 ● 保管状态（真空）
	crash axe（救生斧）	● 原位
	protective gloves（防护手套）	● 原位
	smoke goggle（防烟护目镜）	● 原位
	smoke barrier（挡烟板）	● 原位
紧急撤离设备	ELT（应急定位发射机）	● 原位
	megaphone（扩音器）	● 原位 ● 启动是否正常
	ELS（应急照明系统）	● 原位
	escape strap（逃离绳）	● 原位
	life vest（救生衣）	● 原位
	life raft（救生筏）	● 原位
保安设备	警铃	● 原位
	防爆垫	● 原位
	防弹服	● 原位
	绳索、绑带	● 原位
	Taser gun（泰瑟枪）	● 原位

三 机上设施和系统检查

在飞行过程中，客舱乘务员和乘客会经常使用机上配置的设施和系统，为保障乘客和乘务员的安全，确保服务的便利与顺畅，客舱乘务员要细致地检查并向客舱乘务长如实报告检查结果，说明是否存在异常。如有异常，应采取后续措施，及时通知客舱维修人员迅速维修。

1. 客舱清扫状态检查

客舱清扫和各种用品的搭载工作是与公司签约的其他地面作业人员完成的，客舱乘务员需按负责区域，对清扫工作的状态进行最终检查以保障乘客旅行舒适。

客舱内的清洁状态是乘客登机后的第一印象，因此要重点关注并仔细检查，确保在整洁、有序的状态下迎接乘客。

cabin cleaning check list（客舱清洁状态检查表）

区 域	检查项目	有无异常
cabin area（客舱区域）	• 乘客座椅及周边 • 乘务员座椅及周边 • aisle（客舱通道） • coat room（衣帽间） • 行李保管箱 • 所有墙面	
passenger seat area（乘客座椅区域）	• seat pocket（椅背置物袋）的状态及里面的物品 • pillow（枕头、靠枕） • tray table（小桌板） • head rest cover（头枕罩） • seat belt（座椅安全带） • 座椅周围的地面 • window shade（遮光板） • 毛毯	
galley area（厨房区域）	• 垃圾桶 • 厨房置物架 • galley（厨房）地面 • container（备份箱） • galley curtain（厨房门帘）	
lavatory area（卫生间区域）	• 卫生间用品 • 洗手液瓶 • 镜子 • 香氛 • 盥洗台 • 马桶 • 地面 • 换尿布台	

2. 客舱设备及系统检查

飞机机型不同，其系统和设备的规格也有所不同，因此客舱乘务员需熟知各机型设备及系统的功能和操作方法，检查其运转是否正常以提高工作效率。

客舱系统

- 机上广播及 interphone（内部通话）系统 ▶ 用于机上广播及乘务员之间对话。
- 内置 IFE（in-flight entertainment，机上娱乐）系统 ▶ air show（飞行表演）、 电影、音乐等娱乐内容。
- 客舱照明系统 ▶ 可调节机上照明。
- 客舱温度调节系统 ▶ 可调节客舱温度。
- PSU (passenger service unit，乘客服务面板）系统 ▶ 包括呼唤铃、阅读灯、空调等组件。

客舱设备

检查卫生间设备

- 确认卫生间用品是否摆放齐全。
- 确认盥洗台的 drain pipe（排水管）功能及水电供应是否正常运转。
- 确认洗手液处于可用状态。
- 确认马桶 flushing（冲水）功能正常。
- 确认卫生间整体正常使用状态。
- 确认垃圾桶盖的弹簧状态良好。

检查乘客座椅

- 确认是否配备 life vest（救生衣）。
- 确认 seat belt（座椅安全带）、seatback（座椅靠背）、tray table（小桌板）是否能正常使用。
- 确认乘客面前的屏幕是否启动正常。
- 确认 overhead bin（舱顶行李箱）、window shade（遮光板）的开合状态良好。

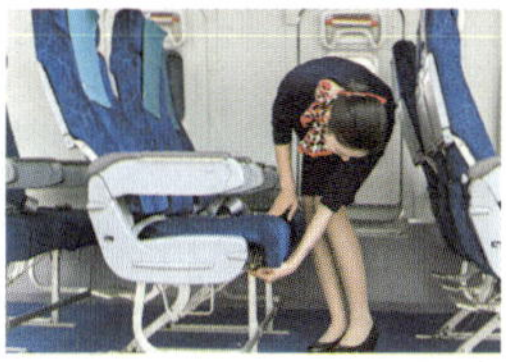

3.galley（厨房）内的设备检查 >>>

galley（厨房）是为乘客提供餐饮服务的准备空间，客舱乘务员需着重对 galley（厨房）内的设备进行检查，以确保妥善保管搭载的各种食材及物料、维持温度以及利用设备顺利完成餐饮成品的制作与供应。

galley（厨房）内的设备	检查项目
water boiler（烧水器） 用于提供温水	电源按钮启动是否正常
coffee maker（咖啡机）	启动是否正常，清洁状态
refrigerator（冰箱） 冷藏设备	启动是否正常，内部是否有异物及卫生状态
oven（烤箱）	启动是否正常，内部是否有异物及卫生状态
water faucet（水龙头） 供给饮用水装置	启动是否正常
circuit breaker panel（线路断流板） 用于阻断电源	启动是否正常
water shut off valve（断水阀）	启动是否正常
cart（餐车）保管场所	locking latch（锁扣）的状态，内部清洁状态
galley light（厨房照明）	启动是否正常
galley curtain（厨房门帘）	启动是否正常，清洁状态

四 客舱服务用品检查

catering item （餐饮用品）检查

catering Item（餐饮用品）是指航空公司装载在飞机上并提供给乘客的食品及所有相关物品，包括乘客在旅行中可以享用的飞机餐、客舱饮品、零食及提供这些服务所需的用品。客舱乘务员需确认搭载的物品，向客舱乘务长报告是否有异常，如有异常，应采取必要的措施，做好服务乘客的准备。

基本 catering item（餐饮用品）检查

- **飞机餐和客舱饮品**

打开存放飞机餐的 cart（餐车）和烤箱，确认餐食数量与预约乘客数及乘务员数是否一致，检查当天提供的各种酒类、饮品、特殊餐食是否齐全并确认装有各种用具的 cart（餐车）、container（备份箱）以及 compartment（隔间）内物品是否完整且摆放整齐。

- **确认报纸、杂志等阅读物的搭载情况**
- **确认头戴式耳机或其他耳机搭载情况和乘客人数是否一致**
- **免税商品**

需要与搭载免税商品的员工进行搭载品种、数量等事项的确认，确认是否搭载销售时所需的购物袋和结算时所用的终端机。

- **枕头、毛毯**

确认乘客座位上摆放的毯子和枕头有无遗漏，客舱乘务员之间共享备用毯子和枕头搭载位置信息，以实现更快捷的服务。

- **服务用品**

确认是否搭载了 napkin（餐巾）、纸杯、塑料杯、muddler（搅拌棒）、cream（奶油）、sugar（糖）、tray mat（托盘纸垫）、免税商品购物袋、各种 seal(锁环)等以及相应数量。

服务用具检查

服务用具是指提供餐饮服务时使用的所有工具。

	用具	图例	检查事项
厨房用品	coffee/tea pot（咖啡 / 茶壶）		是否配备，清洁 / 破损状态

分类	用具	图例	检查事项
厨房用品	hot cup （烧水杯）		是否配备，清洁 / 破损状态，电源供给状态
	towel basket （毛巾篮）		是否配备，清洁 / 破损状态
	bread basket （面包篮）		是否配备，清洁 / 破损状态
	wine basket （葡萄酒篮）		是否配备，清洁 / 破损状态
	service drawer （服务抽屉）		是否配备，清洁 / 破损状态
	towel tongs （毛巾钳）	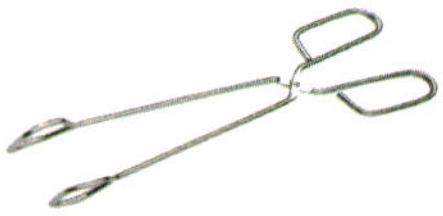	是否配备，清洁 / 破损状态
	bread tongs （面包夹）	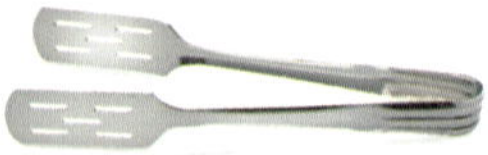	是否配备，清洁 / 破损状态
	ice scoop （冰铲）		是否配备，清洁 / 破损状态
	ice bucket （冰桶）		是否配备，清洁 / 破损状态
	ice tongs （冰块夹）	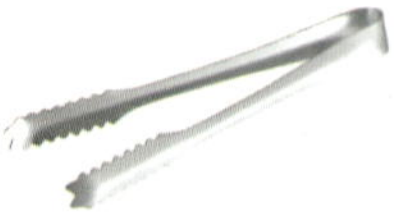	是否配备，清洁 / 破损状态

	用具	图例	检查事项
厨房用品	large/small tray（大 / 小托盘）和 tray mat（托盘纸垫）	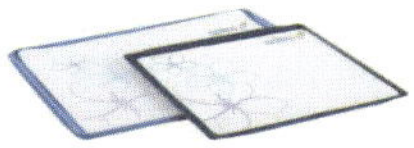	是否配备，清洁 / 破损状态
	oven gloves（烤箱隔热手套）	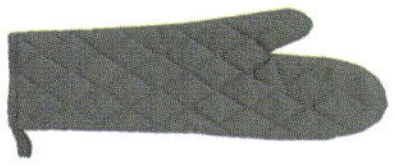	是否配备，清洁状态
	一次性塑料手套		是否配备，数量
	wine opener（葡萄酒开瓶器）		是否配备，清洁 / 破损状态
	trash bag（垃圾袋）		是否配备
卫生间用品	化妆水、乳液		是否配备，清洁状态， 数量
	一次性牙刷、一次性漱口水		是否配备，数量
	梳子		是否配备，数量
	一次性剃须刀		是否配备，数量
	paper towel（纸巾）		是否配备，数量
	roll paper（卷纸）	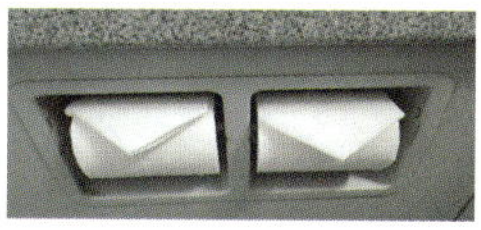	是否配备，数量

五 餐饮服务准备

当客舱乘务员完成飞机安全及安保检查以及各设施、服务用品检查后，若距离乘客登机时间较为充裕，便可进行起飞后餐饮服务的准备工作。

- 根据各区域的乘客人数，将装有 meal tray（餐盘）的 cart（餐车）移走，重新分配。
- 将烤箱中存放的 main dish（主菜）放置在每个 galley（厨房）中。
- 需要分散配置的物品和服务用具按各 galley（厨房）重新配置，以便提高工作效率。
- 开启红酒后需及时盖上盖子以确保红酒的柔和口感。
- 使用 dry ice（干冰）对饮品进行 chilling（冷却）处理。

六 地面服务准备

地面服务是指乘客登机后，在飞机 door close（舱门关闭）前提供的服务，虽然根据座位等级提供的内容不同，但整体上以确保航运的准时性和飞机的安全性为前提，服务流程相对简洁。

大部分航空公司在经济舱提供报纸、杂志服务，而在高级别的舱位则提供迎宾饮品、报纸、杂志服务。

报纸、杂志服务

报纸服务

根据航线需求，除国内报纸外，还会追加摆放英文报纸、当地语言报纸等。报纸按种类整齐摆放在 service trolley（服务推车）上，方便乘客浏览标题并选择。服务推车放置在飞机舱门附近，以便乘客进行选择。

在飞机 door close（舱门关闭）后到 push back（飞机推出）之前，客舱乘务员在不影响安全工作的前提下，by hand（亲手）发放报纸。起飞后有乘客提出要求时，客舱乘务员也要视情况提供服务。

杂志服务

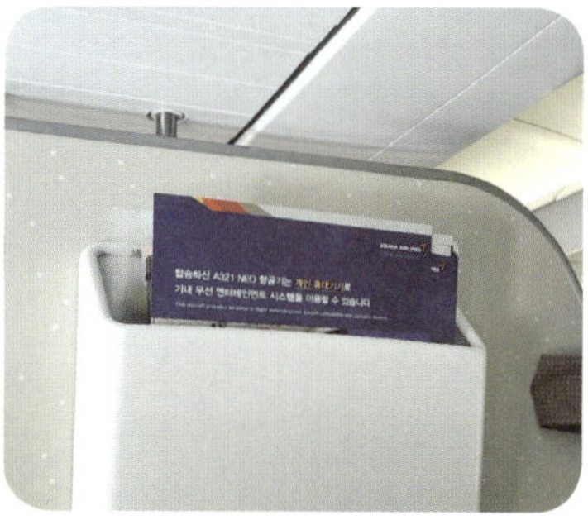

将杂志整齐摆放在各区域后方客舱墙面的机上 magazine rack（杂志架）上，使乘客能够看到不同种类的杂志名称，方便随时选择所需内容。

卫生间服务

主要由 junior duty（低号位乘务员）在乘客登机前完成卫生间用品的 setting（摆放）。

卫生间用品主要有爽肤水、乳液、牙刷、一次性漱口水、一次性剃须刀、梳子等。在准备乳液时，需打开乳液瓶盖 setting（摆放），并单独保管好盖子以防丢失。下机前盖上盖子并放回原位。

化妆品会在其他航班继续使用，因此需妥善管理，避免丢失或破损。

在乘客登机前和飞行过程中，需随时检查卫生间的清洁状态，补充不足的用品，确保乘客使用方便。

高级舱服务

- 为头等舱和商务舱乘客准备 welcome drink（迎宾饮品）、amenity kit（便携式旅行套装）（作为头等舱乘客的登机欢迎纪念品）和 towel（毛巾）。
- 在 coat room（衣帽间）的衣架上提前更换新的 name tag（名牌）。
- 使用香薰喷雾来调节客舱的香气。

cabin crew on stand by(客舱乘务员待命)

所有客舱检查和服务准备工作完毕后，客舱乘务员需在乘客登机前 2~3 分钟到达负责区域 on stand by（待命）。

- 客舱乘务长在乘客登机和下机时播放 boarding music（登机音乐）。
- 客舱乘务长将所有区域的照明 bright（调亮）。
- 客舱乘务长告知客舱乘务员再次确认乘客座位周围的清洁状态及有无异常。
- 各客舱乘务员需打开负责区域的 overhead bin（舱顶行李箱），方便乘客存放行李。

04 CHAPTER

TASKS DURING PASSENGER BOARDING

乘客登机时的工作

- boarding（登机）
- 确认登机牌
- 乘客登机引导与服务规范
- 手提行李存放与注意事项
- 紧急出口座位乘客引导及安全职责
- 地面服务

一 boarding（登机）

学习目标

- 了解乘客登机程序，确保高效完成登机工作。
- 了解乘客手提行李规定，可以进行检查并在必要时采取相应措施。
- 了解紧急出口座位的注意事项，能够向乘客清晰说明相关安全注意事项。

1.boarding permission（登机许可）

乘客登机前，客舱乘务员需完成所有客舱检查。客舱乘务长确认客舱检查无异常后向机长报告“客舱检查没有异常”，获得机长的boarding permission（登机许可）后，客舱乘务长通知地面运输工作人员，开始乘客登机。

登机许可根据飞机机型和航空公司的不同规定略有不同，一般以出发时间为准，国内航线在15 ~ 20 分钟、国际航线在 30 ~ 40 分钟完成登机许可。如遇出发地和目的地机场异常拥挤、天气异常和事故等，登记许可可能会在没有事先通知的情况下推迟。

传达登机许可后，客舱乘务长需播放乘客登机的机上广播和登机音乐，所有客舱乘务员需在负责区域的指定位置迎接乘客，根据相应航空公司的客舱服务规定，以标准姿势等待乘客登机。

2.boarding（登机）问候

乘客登机时，全体客舱乘务员应面带微笑，用真诚而亲切的声音迎接乘客。

客舱乘务长位于廊桥连接处的指定登机口，指挥乘客顺利登机，是最先迎接乘客的机组人员。客舱乘务长旁边应有指定的客舱乘务员一同迎接乘客，并以积极的态度欢迎乘客。

在客舱内部迎接乘客的客舱乘务员需灵活移动，迅速引导乘客，并提供入座帮助。

对迎接乘客的乘务员的第一印象，决定了乘客对该航空公司的第一印象和服务评价。

在飞机出入口欢迎登机的客舱乘务长和乘务员的作用非常重要，而各区域的客舱乘务员和蔼的表情、亲切的语气、积极的态度也非常重要。

迎接乘客时应以 30 度的鞠躬礼进行问候，避免仅点头示意，以确保乘客留下良好的第一印象。如果因登机造成客舱拥挤，也可以行注目礼，但必须配合亲切的微笑。

随时准备为需要帮助的乘客提供服务，同时应协助乘客将手提行李存放在适当位置。

3. 优先登机乘客的引导

搭乘飞机的乘客类型多样，大致可分为普通乘客和特殊乘客。其中，各航空公司将与幼儿或儿童同行的乘客、孕妇、老年人、残疾人、无人陪伴儿童、

wheelchair（轮椅）乘客、患者等需要登机帮助的乘客和头等舱、商务舱、VIP 等需要优待服务的乘客归为特殊乘客，提供符合乘客类型的定制型专项服务。

Tips *乘客登机时客舱乘务员的 ATTITUDE（态度）*

- 和蔼的表情和微笑。
- 令人舒适的眼神。
- 用亲切的语调问候。
- 为方便乘客登机而积极接待的状态。
- 为亲切温暖的接待应具备的心态。

大多数航空公司都为这些特殊乘客提供优先登机服务，客舱乘务员（包括客舱乘务长）需积极帮助和协助特殊乘客登机，如引导座位和存放行李等。

4. 客舱内座位等级

飞机的座位一般可分为 4 个等级，在座位的大小或功能、个人化的空间、物质及人力服务、便利设施及娱乐服务等方面具有差异。

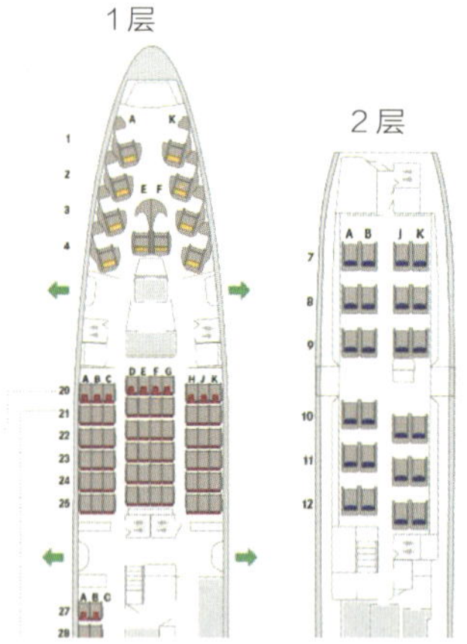

first class（头等舱）

头等舱是飞机上最高等级的座位，客舱乘务员向头等舱乘客提供顶级的人力、物力服务。由飞行经验丰富、接受过高级专业服务培训的客舱乘务员负责服务，并提供最高级的飞机餐、饮品和葡萄酒。

头等舱位于飞机噪声较小的前方或 2 层，座位空间及间隔非常宽敞舒适，部分机型座位可以 180 度放平，提供私密而独立的空间。

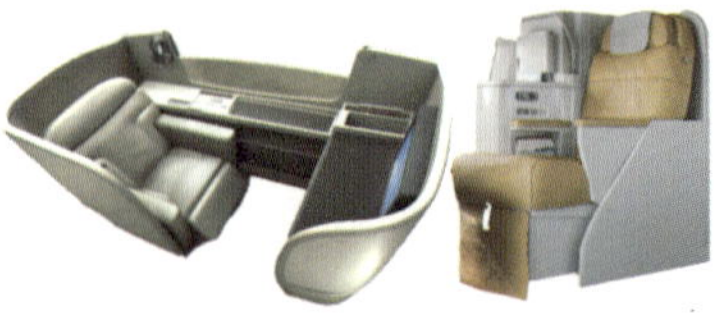

机票的头等舱的正式标记是以“first”的英文首字母大写“F”来标记服务等级的。

business class（商务舱）

商务舱既可以减少经济舱空间限制上的不便，又可以更经济地使用高级服务，是经常乘坐飞机的乘客或经常去海外出差的商务人士喜欢的舱位。

商务舱作为大多数航空公司营销战略最集中的客舱等级，根据各航空公司提供的差别化服务，分为 executive cabin（商务单间）、premium class（高级舱）、business class（商务舱）、prestige class（尊享舱）等，根据时代及航空公司的不同以不同的名称进行差别化运营，目前大部分航空公司主要使用 business class（商务舱）这个名称。根据机型不同，商务舱位于头等舱后面或位于 2 层，舒适的座位空间和各类飞机餐及饮品等服务水平也越来越高级。目前随着航空公司争先恐后地引进最新机型，也有航空公司提供不亚于头等舱的 180 度躺平座位和舒适的空间。

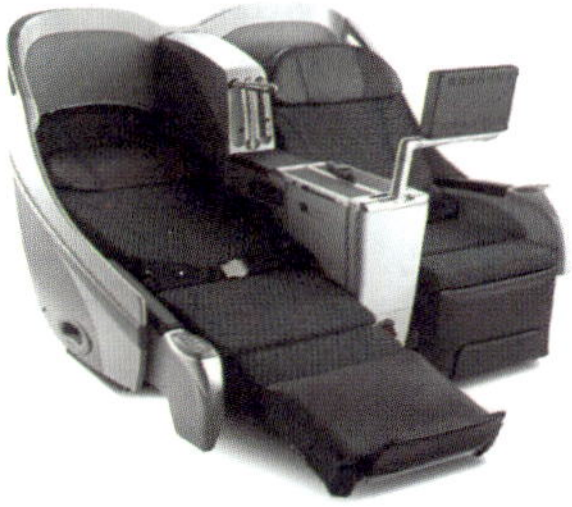

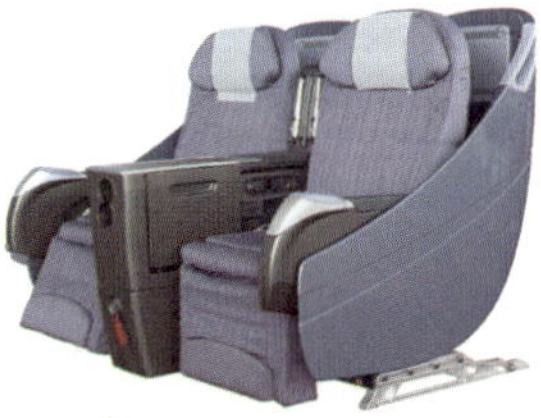

机票的商务舱的正式标记是用“clipper（快速帆船）”的英文首字母大写“C”标记服务等级的。

premium economy class（高端经济舱）

高端经济舱作为部分航空公司提供的座位等级，将空间与 economy class（经济舱）分离，并另行安排了客舱乘务员。专用登记柜台、追加托运行李、优先登机等机场服务和客舱内提供的服务也高于 economy class（经济舱），但具体服务水准不同，由各航空公司提供多样化的服务。premium economy class（高端经济舱）可以看作是介于 business class（商务舱）和 economy class（经济舱）中间的水平。premium economy class（高端经济舱）的座位前后间隔比 economy class（经

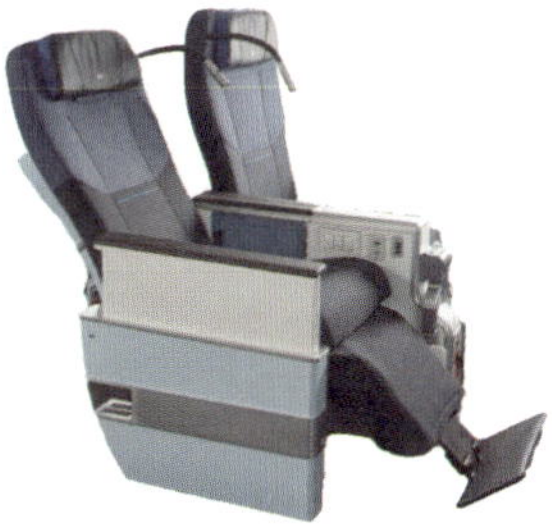

济舱）的间隔稍宽，座位靠背后倾角度比 economy class（经济舱）更大。

机票的高端经济舱的正式标记以“economy”的最后一个英文字母大写“Y”作为服务等级标记。

economy class（经济舱）

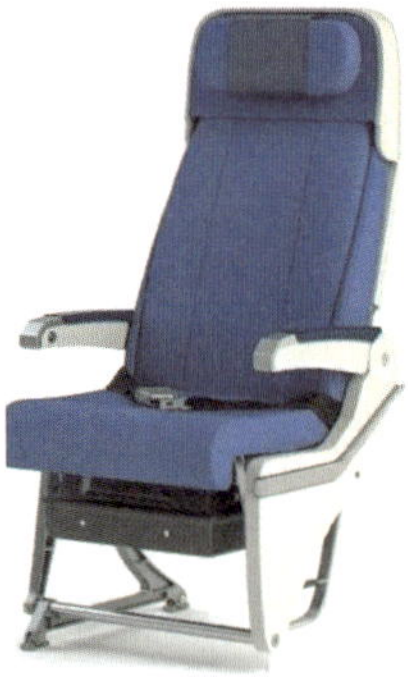

一般来说，航班的大部分座位是由普通座位组成的，虽然根据机型不同存在差异，但大体上最多可乘坐 300~500 人，是乘客选择最多的座位。

因为它具有高性价比，是乘客们最偏爱的座位，所以被命名为“economy class（经济舱）”。

经济舱的座位空间比高级舱的座位空间小，制造商在设计最新机型时进行了革新，使用了轻量化的材料，所以座位空间有扩大的趋势。

机票的经济舱的正式标记以“economy”的最后一个英文字母大写“Y”作为服务等级标记。

二 确认登机牌

在飞机登机口确认乘客登机牌的目的是确保乘客的安全和便利，通过达成这两个目的可以确保飞机运营的安全和效率。

确认登机牌的有效性	防止非授权人员登机	为乘客引导座位

1. 确认登机牌的目的

● 确认登机牌的有效性

通过登机牌上的航班号、日期、出发地和目的地等信息确认该航班登机牌的有效性。

- **防止非授权人员登机**

登机牌包含乘客姓名、座位号、出发地和目的地、航班号、登机日期等信息，可防止乘客误登机和非法登机。

- **为乘客引导座位**

根据登机牌上的座位号码，为乘客引导座位位置及方向，提供便利和顺畅的登机服务。

2. 确认登机牌的方法

客舱乘务员要通过乘客的登机牌确认航空公司名称、航班号、出发地、目的地、日期、座位号码、座位等级，如果与相关航班信息不符，需向客舱乘务长报告并采取相应措施。

带幼儿登机的乘客，客舱乘务员必须确认其是否持有幼儿登机牌。

登机牌丢失、未携带登机牌或未向客舱乘务员出示登机牌的乘客不能乘坐飞机。

Tips 确认登机牌的礼仪

- **双手接过乘客出示的登机牌，使用拇指和手掌，避免用指尖。**
- **准确核对航班号、出发地和目的地、日期、座位号、座位等级。**
- **确认登机牌后返还时，要将正面朝向乘客，双手恭敬地返还。**

各大航空公司为提高飞机运行的准时性和安全性以及航空公司的企业形象，引进登机牌确认系统并投入使用。系统识别乘客的登机牌后，会自动显示座位位置及当前乘客人数，并在重复分配座位时会发出警告音。该系统可安装在平板电脑、智能手机等移动设备上进行联动，全体乘务员可以共享登机情况。

三 乘客登机引导与服务规范

各区域客舱乘务员在负责区域通道等候时，应引导乘客就座，并帮助乘客将随身行李存放在适宜位置，乘客需要帮助时应积极配合。

引导座位时需注意与乘客进行眼神交流，使用双手引导。五指并拢，避免单手指示方向。

如果引导座位和整理行李不及时，登机通道就会受阻，延误登机，影响航班准时出发。因此，客舱乘务员应积极配合整理行李，确保乘客快速登机。如果航班不能准时起飞，乘客和航空公司都会受到负面影响，因此全体客舱乘务员应迅速、积极地协助乘客登机，以确保航班准时起飞。

- 乘客登机时，客舱乘务员应在登机口查验乘客登机牌，核对座位号，积极配合需要帮助的乘客。
- 根据座位号码的字母，引导乘客进入方便入座的通道。
- 在通道等待的客舱乘务员确认乘客的登机牌后，告知乘客座位位置。
- 要以各自负责的区域为中心，在客舱走动帮助乘客迅速入座。
- 在客舱内走动遇到乘客时，注意侧身让道，避免背对乘客。
- 走在前方引路时注意观察乘客是否跟上，避免走得太快。
- 出于安全考虑，易碎物品或重物等要存放在座椅下方。需在舱顶行李架存放乘客行李时，应用双手安全放置。
- 即使客舱通道拥挤，也不得推挤乘客的胳膊或身体。
- 要优先帮助带小孩的乘客存放行李。

四 手提行李存放与注意事项

手提行李是指乘客直接携带上飞机的行李，随身携带的行李应存放在舱顶行李架、衣帽间、座椅下方。手提行李应由乘客直接管理，在丢失或破损时航空公司原则上不承担责任，但客舱乘务员应引导乘客在适当场所存放和管理手提行李，如果需要帮助应积极协助。

overhead bin（舱顶行李架）

头等舱行李架应在乘客登机前关闭，其他等级座位原则上为方便乘客呈打开状态。客舱乘务员要随时检查存放在舱顶行李架上的行李是否安全存放，避免掉落伤及乘客。

有固定装置的座椅下方

引导乘客将沉重或易碎的行李存放在座椅下方，并确保行李固定稳妥。避免在飞行过程中，行李因晃动掉落而导致乘客受伤或在紧急撤离时阻碍紧急出口通畅。

coat room（衣帽间）

存放在 coat room（衣帽间）的物品要整理妥当，避免起降时产生噪声。存放衣物时需确认是否有贵重物品，并注意不要损伤衣物。

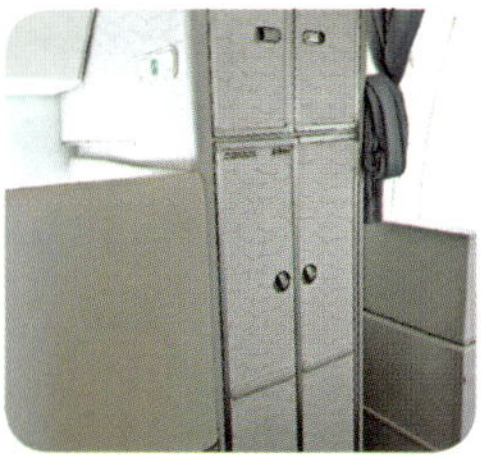

1. 手提行李规定

手提行李作为由乘客携带乘机并直接存放、管理的行李，应是符合可以放置在乘客座椅下方或行李架上规定的相关物品。

手提行李的标准根据航空公司或座位等级的不同有所差异，以普通座位为基准，三面合计限制在 115 厘米以内。这是因为飞机客舱在结构上无法提供充分的空间安全地存放体积大的行李，体积过大也不能存放在客舱内，需按托运行李处理。

2.oversized baggage（超规行李）

超过手提行李规定或不能存放在客舱内的超规行李，应按托运行李处理。

客舱乘务长需联系地面工作人员办理托运行李手续，托运行李处理结束后，向地面工作人员领取行李 tag（标签），并转交给相关乘客。此时需要注意的是，客舱乘务员应告知乘客在到达后需亲自在行李领取处领取行李。

五 紧急出口座位乘客引导及安全职责

紧急出口座位是指紧急情况下离乘客可撤离的 EXIT（紧急出口）最近的座位，为了防止乘客在撤离时发生拥挤现象并能够迅速移动，与其他座位相比其空间更大，因此是乘客偏爱的座位。

根据规定，紧急出口座位应安排给在紧急情况下能够协助客舱乘务员帮助其他乘客撤离的人员。因此，航空公司从办理登机手续时开始，就应以相关法律为标准安排合适的乘客。客舱乘务员在 door close（舱门关闭）前，应确认坐在紧急出口座位的乘客是否符合要求，必要时应采取重新安排座位等措施，确保飞行安全。

分配紧急出口座位的最优先顺序是搭乘飞机的乘务员、加机组人员、航空公司执勤员工、其他符合资质的乘客等。此外，紧急出口座位还可以安排在紧急情况下能够根据乘务员的指示启动紧急出口舱门，帮助其他乘客撤离的身体健康的乘客。

确认紧急出口座位乘客符合要求后，客舱乘务员应向相关乘客说明紧急情况下需要协助的事项并征求其同意。

1. 需要协助的事项

客舱乘务员应向紧急出口座位乘客说明“紧急出口乘客职责”，并征得乘客同意，如乘客不同意，应重新安排其他座位。重新安排座位时应由地面工作人员在停机状态下进行，并确保客舱、航运、运输之间的密切沟通协调，避免给乘客带来不便。

Tips 紧急出口座位乘客的职责

- 掌握紧急出口外部情况。
- 确认紧急出口装置状态，接机组指令协助操作。
- 严格遵循乘务员分步骤口令。
- 清除紧急出口周围的障碍物。
- 确认 slide（滑梯）充气状态并维持稳定。
- 协助客舱乘务员利用 slide（滑梯）撤离乘客并进行疏散。

2. 不可坐在紧急出口座位的乘客

客舱乘务员不得安排以下乘客坐在紧急出口座位。

- 身体不够敏捷的乘客。
- 未满 15 岁或没有监护人帮助就无法协助客舱乘务员撤离的乘客。
- 无法理解以文字、图片或口头形式提供的有关紧急撤离指示的乘客。
- 在没有隐形眼镜或眼镜等视力辅助设备的情况下无法执行紧急撤离任务的乘客。
- 在没有普通助听器等听力辅助设备的情况下无法理解乘务员撤离指示的乘客。
- 缺乏向其他乘客恰当传递信息能力的乘客。
- 因照顾儿童等责任而难以执行撤离任务的乘客。
- 无法确定是否可以执行紧急撤离任务的乘客。

六 地面服务

1.economy class（经济舱）

报纸、杂志服务

在服务推车上摆放报纸、杂志并提供服务，以便乘客在飞机登机口处自行取阅。从 80% 以上的乘客登机后到飞机推出程序之前，在不影响安全工作的前提下，由客舱乘务员手持报纸或杂志提供服务。

服务用品及咨询应对

对于乘客在登机时要求矿泉水、多余的毯子、枕头、圆珠笔等服务用品及其他事项，客舱乘务员需立即准备和提供，并亲切地应对其他咨询事项。

2.first class/business class（头等舱 / 商务舱）

欢迎登机服务

准备 welcome drink（迎宾饮品）、便携式旅行套装(为头等舱乘客提供的登机纪念品)、毛巾。

报纸、杂志服务

如果是单独设置头等舱吧台的机型，需按种类摆放报纸和杂志，以便乘客看到标题；对于没有单独设置吧台的机型，则应将杂志摆放在杂志架上。此时，客舱乘务员 by hand（手持）报纸、杂志提供个性化服务。

衣物存放服务

为乘客提供在衣帽间存放衣物的服务。 在收到外套或围巾等衣物时，客舱乘务员要向乘客确认是否含有贵重物品，并告知乘客贵重物品需要由乘客亲自保管，并在衣架 tag(标签)上填写座位号，精心悬挂，避免产生褶皱。如果座位内部设置了个人衣帽间，乘客可以直接进行存放和管理。

05 CHAPTER

PRE-TAKEOFF TASKS

起飞前的工作

- door close（舱门关闭）
- safety check（安全检查）
- push back（飞机推出）
- welcome gretting（欢迎问候）
- safety demonstration（安全演示）
- 起飞前的安全工作

一 door close（舱门关闭）

学习目标

- 了解飞机出发前切换 escape slide mode（逃生滑梯模式）的重要性。
- 了解飞机起飞前客舱乘务员要执行的安全工作。
- 了解 30-second review（静默 30 秒）的目的和重要性。

乘客登机完毕且地面服务结束后，客舱乘务长从地面工作人员手中接收飞机出港文件，在收到行李搭载完毕、中转航班乘客登机完毕、追加物品搭载完毕等信息后，需确认下列情况后向机长报告“客舱舱门关闭准备完毕”。

- 确认乘务员及乘客人数。
- 确认卫生间是否有乘客。
- 确认所有手提行李在原定位置存放。

- 确认所有舱顶行李架处于关闭状态。
- 确认地面工作人员是否已离开客舱。
- 确认追加服务用品的搭载情况。

客舱乘务长在向机长报告时，需同时报告乘客的相关特殊事项，并在征得机长同意后关闭舱门。

Tips ship pouch & SHR

- ship pouch 是指包括乘客及货物运输相关文件、SHR 等在内的公文包。
- SHR 是指记载乘客以下相关信息的文件。

相应航班日期、出发地乘客人数、乘客职位等个人资料。
记载 VIP、UM（无成人陪伴儿童）、患者、团体、换乘乘客等特殊事项。
订购 special meal（特殊餐）的乘客，special service（特殊服务）要求事项。
提前订购免税商品的乘客、带小孩乘客及 baby bassinet（婴儿摇篮）订购事项等。

二 safety check（安全检查）

从飞机在地面移动开始，所有舱门都可以用作紧急出口。舱门关闭后，如果飞机已与廊桥或客梯车分离，客舱乘务长需通过机上广播指示将所有紧急出口的滑梯模式切换为“armed position（预位位置）”，即紧急撤离模式。

负责舱门的客舱乘务员需根据客舱乘务长的机上广播指示，按照工作规范中的规定和程序切换滑梯模式，切换完成后，所有负责舱门的客舱乘务员需同时进行相互确认并报告。

各航空公司相互确认和报告的程序可能会有所不同。

根据飞机制造商和机型不同，滑梯模式形态和操作方法也各不相同，因此客舱乘务员在执飞前要熟悉相关机型的滑梯操作规范。

Tips escape slide mode change/ 切换逃生滑梯模式

- disarmed position（解除预位位置）：打开舱门时滑梯不会充气。
- armed position(预位位置):打开舱门时滑梯自动充气，可作为逃生滑梯使用。

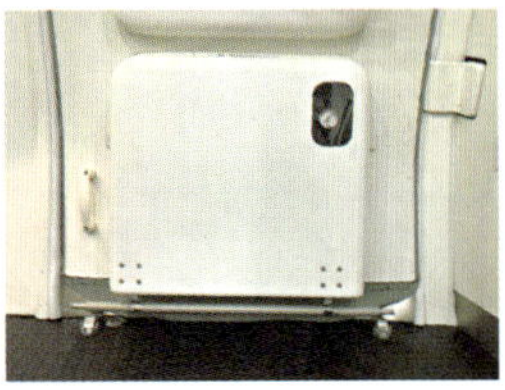
B737 slide（滑梯）

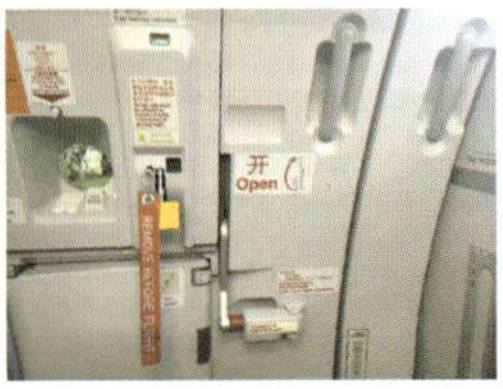
A320 slide（滑梯）

A330 slide（滑梯）

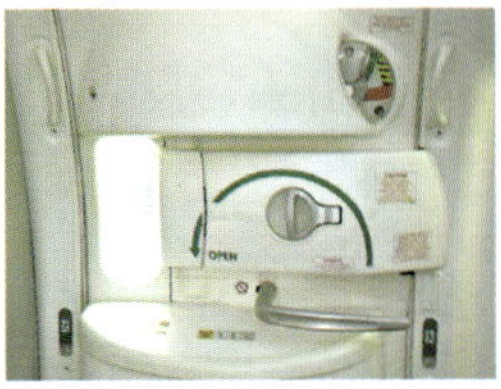
B787 slide（滑梯）

在飞行过程中，如果飞机因紧急情况迫降或水上迫降，为了保护乘客和乘务员的生命，最重要的就是迅速逃离飞机，这也被称为生存“golden time 90 seconds(黄金 90 秒)”。

从地面到飞机舱门的高度较高，紧急着陆时为了乘客和乘务员能迅速撤离，滑梯是最有效的方式，因此飞机制造商在每个飞机舱门都安装了逃生用滑梯，即使飞机舱门损坏 50%，仍可在 90 秒内完成所有人员撤离。撤离模拟测试只有获得认证后才可进行。

滑梯模式起飞前切换为 armed position(预位位置)是为了确保在紧急情况下，舱门开启时，滑梯能立即充气，为乘客和乘务员迅速撤离做好准备。

另外，在海上迫降时，滑梯可起到救生艇的作用，帮助乘客和乘务员迅速逃离飞机。

A320/321 滑梯预位方法

1. 拔出安全栓

2. 将手放在黄色预位手柄上

3. 压下黄色预位手柄

4. 将安全栓插入下方孔内，红色警告带收起

三 push back（飞机推出）

“push back（飞机推出）”是指飞机在停靠位置，为了进行地面移动和起飞，利用特殊 towing car（牵引车）向后推的程序。

飞机推出后，由于客舱准备不充分等情况需要重新回到原位时，需获得机场的许可，因此客舱乘务长应仔细确认以下客舱准备事项后，再向机长报告“飞机推出准备完毕”。

客舱准备事项

- 滑梯模式预位状态。
- 乘客入座及安全带佩戴情况。
- 座椅靠背、座椅前方显示器、小桌板、脚踏板、扶手已恢复原位。
- 确认所有厨房内的服务推车已正确存放并锁定。
- 手提行李已存放在正确位置。
- 舱顶行李架已关闭，遮光板已打开。
- 确认紧急出口座位乘客符合要求且已入座。
- 禁止进行除安全工作以外的其他服务工作。

四 welcome gretting（欢迎问候）

关闭飞机登机口后，滑梯模式切换和报告程序结束后，负责广播的乘务员将进行欢迎登机广播。

除广播负责人外，其他乘务员需站在负责区域的指定位置，在欢迎登机广播开始时，同步向乘客表示诚挚的欢迎，郑重地行 45 度鞠躬礼。

问候结束后客舱乘务员需进行客舱巡视，检查乘客安全带佩戴情况等起飞安全工作，随后前往各自的乘务员座椅入座，观看安全录像。

welcome announcement（欢迎登机广播）内容

- 问候语、该航空公司所属航空联盟。
- 航班号、目的地、飞行时间、机长及乘务员介绍。
- 传达系好安全带、调直座椅靠背、收起小桌板等起飞准备的相关要求。
- 整舱禁烟通知。
- 电子设备使用限制及将手机调至飞行模式的引导。
- 如遇 Irr（irregular，非正常）情况（如延误、维修、加油、行李下机等），需向乘客说明相关信息。

五 safety demonstration（安全演示）

欢迎登机广播结束后，在客舱内播放或演示乘客安全所需的行动守则和信息，即为 safety demonstration（安全演示）。

不同飞机机型安全演示的方式有所不同。若客舱内安装了录像系统，通过视频播放安全演示。若客舱内无录像系统或录像系统发生故障时，客舱乘务员应在各自负责区域配合安全演示广播直接进行演示。

在播放 safety demonstration（安全演示）视频的过程中，客舱乘务员不得执行除安全工作以外的其他工作，不得遮挡正在观看安全演示视频的乘客的视线。

另外，为了有效传达内容，播放安全演示视频时，客舱照明要调整到昏暗的状态。

客舱乘务员亲自演示时，客舱照明要调节到最亮状态。

播放安全录像

- 紧急出口位置和数量。
- 紧急出口使用方法。
- 座椅安全带使用方法。
- 氧气面罩位置及使用方法。
- 救生衣位置及使用方法。
- 禁烟指南。
- 禁止使用电子产品指南。
- safety information card （安全信息卡）指南。

客舱乘务员安全演示设备

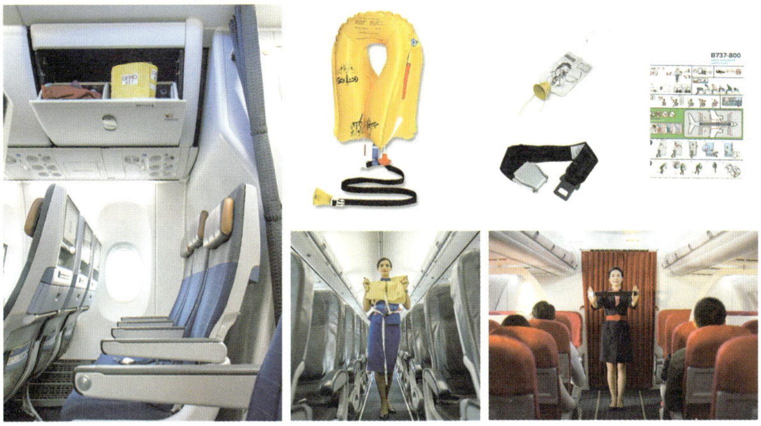

客舱乘务员在进行安全演示时的注意事项

- 为了有效传达内容，播放安全演示视频时，客舱照明应调至昏暗。
- 负责广播的客舱乘务员应注意把控安全演示的广播速度，避免太快。
- 安全演示设备需放置在地面上时要轻拿轻放。
- 各设备说明的广播时间应与客舱乘务员的演示时间保持一致。
- 要以准确、适度的动作传达给乘客，以便乘客能够理解。
- 注意避免视线一直朝下。
- 对聋哑人要进行单独演示说明。

六 起飞前的安全工作

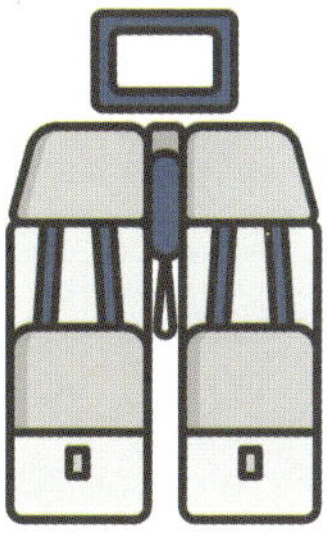

安全录像的播放或安全演示结束后，全体客舱乘务员需在起飞前执行最终安全检查。

结束安全检查的客舱乘务员坐在 jump seat（乘务员座椅）上，系好安全带和 shoulder harness（肩带）后，注视客舱前方，观察乘客的动向，等待机长的起飞信号。

起飞前最后的安全检查事项

● 客舱

· 乘客已入座及安全带已正确佩戴。

· 手提行李已存放在指定位置。

· 座椅靠背、座椅前方显示器、小桌板、脚踏板 、扶手已调至原位。
· 舱顶行李架已关闭。
· 紧急出口座位乘客已入座且符合要求。
· 舱门和客舱通道周围畅通无阻。
· 确认卫生间是否有乘客。
· 回收乘客座椅上的餐饮及使用过的水杯。
· 驾驶舱门已关闭。

- **galley（厨房）**

· 备份箱已在原处存放并锁定。
· 服务推车已固定在原位。
· 厨房内可移动物品已固定。
· 确认各种厨房设备电源已关闭。
· 厨房门帘已固定。

- **检查电子设备**

对飞机起降或飞行中可能因电磁波影响安全航行的电子设备进行检查。

以各国航空部门的安全政策为基础，对相关产品的范围和变更事项进行定期确认，确保遵守最新规定。

客舱乘务长完成最终检查后，坐在 jump seat（乘务员座椅）上，系好安全带和 shoulder harness（肩带）， 向机长报告“起飞准备完毕” 。

jump seat（乘务员座椅）的种类

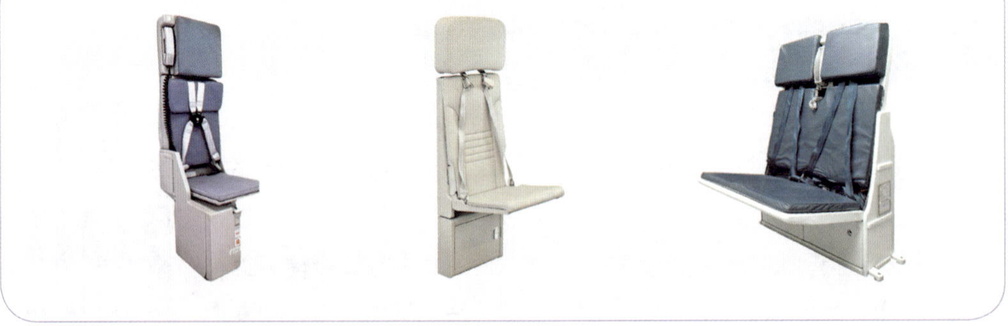

机长发出起飞信号后，客舱乘务员应立即播报起飞广播，并根据外部亮度将客舱照明调整到昏暗的状态。

虽然各航空公司的起飞信号存在差异，但一般情况下，fasten seat belt sign（系好安全带指示灯）会点亮 3 次， 并发出鸣响。

fasten seat belt sign（系好安全带指示灯）

Tips 起飞、降落时调暗客舱照明的原因

· 易于辨识紧急出口

客舱照明调暗后，紧急通道标志或紧急出口指示灯更加突出，便于乘客在紧急情况下快速找到出口。

· 确保视野

使乘客的眼睛适应黑暗状态，在紧急情况下客舱内电源中断或紧急着陆后在黑暗的外部情况下也能确保逃生的视野。在明亮的地方，瞳孔为了减少受光而收缩；在暗处观看时，瞳孔受光而需要放大，这个过程需要时间，因此乘客们很难立即应对紧急撤离情况，所以客舱内照明要调暗。

从起飞至飞机达到巡航高度期间，全体乘务员必须利用 30 秒时间回顾紧急撤离程序，也就是“30-second review（静默 30 秒）”。

30-second review（静默 30 秒）的内容

· 应急装备的位置与操作方法。
· 紧急出口位置和启动方法。
· 紧急撤离顺序。
· 紧急撤离时可提供帮助的乘客。
· 紧急撤离需要帮助的乘客。
· 防冲击姿势。

06 CHAPTER

POST-TAKEOFF TASKS

起飞后的工作

- seat belt sign off（安全带指示灯关闭）
- galley briefing （厨房准备会）
- food & beverage service（餐饮服务）
- 发放入境材料
- 客舱免税商品销售
- walk around （客舱巡视）

一 seat belt sign off（安全带指示灯关闭）

学习目标

- 了解起飞后的客舱服务流程。
- 了解需检查的项目以便顺利实施客舱服务流程。
- 了解需要进行客舱巡视的时间和检查内容。

飞机起飞后达到安全高度，客舱乘务员和乘客处于可以安全移动的状态时，机长会发出可以解开安全带的一次鸣响信号音，客舱座位上端面板上的安全带标志将被关闭。

此时，客舱乘务长将客舱照明调整至最亮。

负责广播的乘务员将进行“seat belt sign off（安全带指示灯关闭）”广播，其他客舱乘务员将前往各自负责区域的厨房，女乘务员戴上围裙，男乘务员穿上服务制服开始为相关航班客舱服务流程做准备。

为保障乘客休息和个人空间，方便客舱乘务员工作，应拉上厨房门帘防止内部暴露在乘客视线中，注意不要因使用服务用具或设备而产生厨房噪声。另外，乘务员之间在对有关工作指示或执行工作进行沟通时，也要特别注意私密对话，避免声音过大。

seat belt sign off（安全带指示灯关闭）广播的主要内容

- 飞机达到安全高度。
- 可解除佩戴安全带并在客舱内走动。
- 告知飞行过程中禁烟。
- 为应对突如其来的气流变化，建议一直佩戴安全带。
- 介绍客舱服务开始时间。

二 galley briefing（厨房准备会）

galley briefing（厨房准备会）是指在开始客舱服务之前由资深客舱乘务员主持的任务简要说明会。客舱乘务员聚集在 galley（厨房）共享并再次确认必要信息，以确保能顺利执行客舱服务流程。

共享并确认的信息主要包括乘客信息（包括特别订购的飞机餐）、飞机餐内容和搭载数量、服务流程和注意事项等已经通过 pre-flight cabin crew briefing（航前准备会）共享的内容，但由于要在有限的时间内为众多乘客提供服务，因此需进行互检确认相关内容，确保提供服务时不发生错误。

galley briefing（厨房准备会）内容

- 负责区域的乘客信息、特别事项。
- 搭载飞机餐的内容与数量。
- special meal（特殊飞机餐）的内容与数量（确认订购的乘客座位）。
- 确认提供服务的方法和从哪一排开始服务。
- 服务时的注意事项及其他特殊事项（不满乘客、需特殊照顾的乘客信息等）。

三 food & beverage service（餐饮服务）

餐饮服务菜单因航空公司而异，属于提高乘客出行体验、增加期待感的主要因素。

餐饮服务流程以航线为基准，根据飞行时间、出发到达时间和座位等级的不同以多种形式提供。

客舱乘务员在出发前要准确掌握相关航班的基本服务流程， 通过航前准备会和厨房准备会确认详细的餐饮菜单和特殊事项信息等，为乘客提供顺畅的服务。

擦手巾服务 → 餐前饮品服务 → 餐食服务 → 葡萄酒服务 → 咖啡和茶服务 → 回收

1.hand towel service（擦手巾服务）

在餐饮服务开始前，由于客舱环境的特殊性，出于对乘客个人卫生的考虑，应提供擦手巾服务。

根据航线和服务等级不同，擦手巾分为棉质毛巾和一次性毛巾，部分经济舱会在餐具套装里提供一次性擦手巾。

- 为提供温热的棉质毛巾， 需用烤箱提前加热。
- 提供擦手巾之前要确认湿度和温度。
- 使用搭载的香水去除烤箱的气味，使毛巾散发香气。
- 在毛巾篮或服务托盘中适量准备毛巾。
- 提供服务后剩余的毛巾可以提供给有需要的乘客。

2.pre-meal beverage service（餐前饮品服务）

餐前饮品服务以 aperitif（开胃酒）为基础起到增进食欲的作用，不同的航空公司在饮品的种类或服务方法上略有差异。

根据出发时间、飞行时间和用餐服务时间段，使用托盘或饮品推车提供服务。

aperitif（开胃酒）是法语，意为餐前饮用的饮品或酒。

提供的饮品

- 橙汁、苹果汁、椰汁等。
- 矿泉水。
- 牛奶。
- 热咖啡、热茶、凉茶。
- 可乐、雪碧等 soft drink（非酒精饮品）。
- 香槟、威士忌、葡萄酒等酒类（国际航线提供）。
- 鸡尾酒（国际航线提供）。

注意事项：向乘客详细说明可提供的饮品种类，给乘客留出充足的时间选择最喜爱的饮品，同时也要注意热饮和冷饮的温度，使其处于最佳状态。在提供热饮时，一定要提醒乘客小心烫伤。

3.meal service（餐食服务）

餐食服务是指在飞行过程中为乘客提供餐食的一系列活动，飞机餐的种类与饮品服务一样因航线而异。为了提供多样化 menu（菜单）和提高服务水平，各航空公司会定期更新 menu（菜单），提供差异化的飞机餐。

大型航空公司的长途航线因座位等级不同而有所差异，通常可以提供 3~4 种 menu（菜单），各 menu（菜单）的搭载率是由航空公司各航线特点决定的。

餐食服务次数通常以飞行时间为准，飞行 12 小时以上，最多可提供 3 次。

飞机餐服务流程根据座位等级进行区分，提供餐食服务前的检查内容如下。

- 确认相应航班的菜单或 menu book（菜单手册），与搭载的飞机餐进行对照确认。
- 对照确认主菜和餐盘数是否与乘客数匹配。
- 确认飞机餐的适当温度。
- 确认需要加热面包的适当温度。
- 确认特殊订购的飞机餐及对应乘客的座位号。
- 准备摆放在餐车上的物品。

4.wine service（葡萄酒服务）

餐食服务结束后，客舱乘务员需将餐车固定，准备咖啡服务。因为准备需要一些时间，所以此时可使用在地面上提前开瓶的葡萄酒提供服务。

特别需要注意的是，要事先确认葡萄酒的品名或特点等，以便为乘客提供专业性解答。

红葡萄酒应在常温下贮存并提供，白葡萄酒应在地面用冰块冷却或在飞机冰箱中低温储存后提供。

economy class（经济舱）提供的葡萄酒有 white wine（白葡萄酒）和 red wine（红葡萄酒）。客舱乘务员应同时拿着两种酒，为负责区域的乘客提供续杯服务。

葡萄酒属于典型的佐餐酒（就餐时饮用的酒类），与飞机餐搭配较为适宜，因此，对于用餐时喜欢喝葡萄酒的乘客，在其杯中剩余 1/3 左右时，客舱乘务员应主动确认乘客是否需要续杯服务，并适量提供。

wine（葡萄酒）的温度

- **red wine（红葡萄酒）**

  红葡萄酒贮存在常温下，会加深口感和香气，这是因为红葡萄酒中的单宁成分在常温下会缓慢氧化，使酒的柔和及平衡变得协调。

- **white wine（白葡萄酒）**

  白葡萄酒的特点是酸度较高，低温可以保持其酸度，达到新鲜、均衡的口感。

5.coffee & tea service（咖啡和茶服务）

在就餐结束后，客舱乘务员一般为乘客提供咖啡和茶等热饮。负责的客舱乘务员须用热水冲洗茶壶内部，以确保咖啡和茶在服务过程中最大限度地保持适当的温度。

准备工作要特别注意连贯性，确保餐饮服务流程不间断。由于先接受餐饮服务的乘客可能已经就餐完毕，正在等待与甜点搭配的咖啡和茶，所以客舱乘务员应该迅速做好准备。

因机身晃动或饮品温度较高可能会引发危险，所以只倒至杯子的 2/3 处，后续可提供续杯服务。

如果带小孩的乘客要求热饮，一定要提醒注意安全或尽量推荐其他饮品。

6. collection（回收）

就餐完毕的乘客将餐盘放置在小桌板上可能影响休息或使用卫生间，因此要尽快回收乘客的餐盘。

通常在约 90% 的乘客就餐完毕后开始回收餐盘，如果个别乘客提前结束用餐或提出要求时，应优先进行个别回收。

回收后应清理乘客座位及周围通道，保持客舱清洁。同时检查卫生间清洁情况，确认牙刷等用品是否准备齐全。

负责厨房的乘务员需整理厨房内的各种存放箱和手推车，将用具归位。

四 发放入境材料

餐饮服务结束后，客舱乘务员需在飞机到达前向乘客发放目的地国家的入境材料，并协助乘客填写，以便乘客顺利入境。

一般材料是入境卡和海关申报单，客舱乘务员应准确掌握各目的地国家出入境材料的填写要求，以便正确引导乘客。

客舱乘务员应确认各负责区域的乘客是否已填写入境材料，以免遗漏。要积极协助UM（无成人陪伴儿童）、老弱者、残疾人、带小孩的乘客等填写。

发放入境材料及协助乘客填写时，为了防止客舱内其他区域出现服务空白，需指定各区域的服务负责人随时应对乘客的要求。

近年来，无须填写入境材料，只要持有护照就可以在目的地机场通过自动入境审查系统入境的城市逐渐增多，客舱乘务员应在飞行前确认上述变化事项，以便准确引导乘客。

五 客舱免税商品销售

客舱免税商品销售作为为乘客提供服务和创收的重要环节，在各航空公司的客舱服务中占有很大比重。

销售免税商品之前，为了让乘客看到免税商品手册并提前确认所需物品，应该根据各机种的特点，由广播负责人广播或播放事先录制的音频，进行简单的客舱销售产品种类介绍并告知即将开售。

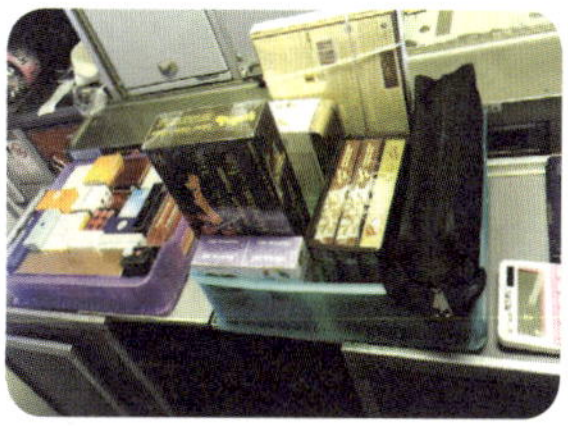

负责销售的乘务员在推车上准备好免税商品，在客舱通道向有购买意愿的乘客销售免税商品， 并熟知相关（目的地）国家免税额规定。

销售免税商品时，注意不要妨碍乘客的休息，在客舱内其他区域要安排乘务员，避免出现服务空白。

主要免税商品包括酒类、化妆品、香水、饰品、巧克力、保健食品等各国知名品牌的商品。

航空公司还提供预约订购服务，包括通过预约订单交付给回国航班的订购服务，以及提前在线接收乘客订购物品后在客舱内交付物品的订购服务，为乘客的购物提供便利。

六 walk around（客舱巡视）

所有服务结束后，客舱乘务员需检查客舱内的照明和温度，确保乘客休息环境舒适。在下一工作流程开始之前，客舱乘务员要定期巡视负责区域，检查客舱的安全和舒适状态，同时要及时为乘客提供服务。

主要检查事项

- 保持客舱适当温度（24 ℃）并调暗照明。
- 保持客舱清洁（尤其要清理通道、座位的小桌板和椅背置物袋里的垃圾）。
- 保持卫生间清洁并补充不足的物品。
- 检查紧急出口及驾驶舱周围等安全区域。
- 检查客舱后方、卫生间等密闭空间及安全隐患区域。
- 应对突发患者及 irregular（非正常）情况。

注意事项

- 巡视时需安静走动，避免工作鞋发出噪声。
- 与乘客进行眼神交流，走路时保持微笑。
- 经过通道时，注意不要碰到乘客的肩膀和脚，以免妨碍乘客休息。
- 密切关注乘客是否需要枕头、毛毯、饮品等。
- 在乘客观影期间，需在托盘上准备好饮品，进行客舱巡视。
- 要特别注意噪声等易感区域（发动机、厨房、卫生间周围）的乘客。

乘客休息时易产生噪声的场景：

· 在厨房工作时	· 客舱巡视时
· 乘务员之间对话时	· 开合厨房门帘时
· 锁定、解除及移动餐车时	· 开合隔间时
· 开合舱顶行李架时	· 开合衣帽间时

07 CHAPTER

PRE-LANDING TASKS

着陆前的工作

- approaching（接近着陆）
- pre-landing safety tasks（着陆前的安全检查）
- 乘务员入座和飞机 landing（着陆）

一 approaching（接近着陆）

学习目标

- 了解着陆前的安全工作和客舱检查工作。
- 了解着陆前，客舱乘务员于乘务员座椅就座后的职责。

在飞机接近机场并开始下降时，机长会拉响 3 次约定的标准信号“seat belt sign(安全带指示灯)”，此时安全带指示灯会同时闪烁，告知客舱乘务员为着陆做准备。广播负责人应立即通过机上广播向乘客告知飞机降落的相关信息，其他客舱乘务员要有条不紊地进行着陆的准备工作。尤其要相互确认是否返还了乘客委托保管的物品以及是否回应了乘客的特殊要求事项。

1. approaching（接近着陆）广播的主要内容

· 到达目的地机场的通知。

· 告知乘客配合确保安全着陆的要求事项。

· 告知乘客系好安全带。

· 介绍中转机场及转机的相关事项。

2. 客舱检查的主要内容

· 客舱乘务员归还替乘客保管的所有物品。

· 向特殊乘客，如坐轮椅的人、残疾人、UM（无成人陪伴儿童）等传达到达后的下机方法等必要信息。

· 回收 headphone（头戴式耳机）、杂志等客舱内配备的物品，放回原位。

· 回收应乘客特殊要求而提供的服务 item（用品）。

· 清理卫生间内部并回收卫生间用品。

· 对客舱通道侧乘客座位周围进行整理，保持清洁。

二 pre-landing safety tasks（着陆前的安全检查）

着陆前的安全检查与起飞前的安全检查工作相同。所有客舱乘务员需仔细检查各负责区域的相关事项，以确保安全着陆。

· 确认乘客的入座及安全带佩戴情况。

· 确保座椅前方显示器、座椅靠背、小桌板及扶手归位。

· 限制使用手机和其他电子设备。

· 检查乘客手提行李是否存放在规定位置并确认行李架处于关闭状态。

· 检查 galley（厨房）内所有储物柜、手推车等移动物品的位置和固定情况。

· 整理 door（舱门）或 aisle（通道）周围的障碍物，确保不妨碍紧急撤离。

· 检查卫生间内是否有乘客，确认马桶盖已关闭。

· 固定 galley curtain（厨房门帘）。
· 遵守 sterile cockpit（驾驶舱静默）规定。

三 乘务员入座和飞机 landing（着陆）

1. 客舱乘务员入座 jump seat（乘务员座椅）

安全着陆的客舱检查工作结束后，客舱乘务员坐在指定的 jump seat（乘务员座椅）上系好座椅安全带和 shoulder harness(安全肩带)。应以各自就座的位置为基准，注视客舱前方，观察是否有安全事故的发生，直到飞机安全停稳。

最后，客舱乘务长对整个客舱进行最终检查后，坐在指定的 jump seat(乘务员座椅）上，佩戴 shoulder harness（安全肩带），将客舱照明调节为 dim(昏暗)状态。

2.landing（着陆）

当机长发出 1 次 landing（着陆）信号音“seat belt sign(安全带指示灯)”时，负责广播的乘务员应播放告知 landing（着陆）的机上广播。

伴随机长发出的 landing sign（着陆指示音）和飞机 landing gear down（放下起落架），机轮落下，产生轻微噪声，可以感知到即将着陆。

此时，所有客舱乘务员需实施飞机起降时必须履行的“30-second review（静默 30 秒）”规定，以应对突发的紧急情况。

08 CHAPTER

POST-LANDING TASKS

着陆后的工作

- taxiing & ramp in（滑行和进入停机坪）
- slide mode check（确认滑梯模式）
- door open（开启舱门）
- deplaning（下机）
- debriefing（航后讲评会）

一 taxiing & ramp in（滑行和进入停机坪

学习目标

- 了解飞机到达后的安全工作。
- 掌握乘客下机的顺序，了解下机后的工作。

飞机安全降落在目的地机场后，从向乘客下机地点taxiing（滑行），到ramp in（进入停机坪）为止，客舱乘务员要密切关注是否有乘客从座位上站起来、打开行李架或使用卫生间等违反安全规定的行为。

ramp（停机坪）& ramp in（进入停机坪）

· ramp:　机场内apron（停机坪）区域。
· ramp in:　飞机着陆后进入停机坪并完全停止。

负责广播的乘务员用清晰、亲切的声音播报到达、farewell(欢送) 广播。

到达广播结束后，飞机到达指定停机坪并完全停稳后，在 seat belt sign（安全带指示灯）关闭时，客舱乘务员和乘客方可移动。

apron：除了跑道和滑行道路以外，飞机在机场停靠和移动的区域

TASKS 主要工作

- 直到安全带指示灯关闭为止，全体乘客保持落座状态。
- 不执行安全工作的客舱乘务员保持落座 jump seat（乘务员座椅）。
- 遵守 sterile cockpit（驾驶舱静默）规定。
- 客舱乘务长在飞机 taxiing(滑行) 中需播报引导乘客入座的广播以确保安全。

二 slide mode check（确认滑梯模式）

飞机到达停机坪后完全停稳，客舱乘务员根据客舱乘务长的广播指示，按照工作规范中定义的流程实施“escape slide mode(应急滑梯模式)”切换程序。

客舱乘务员们将各自负责的紧急出口“slide mode(滑梯模式)”从 armed position（预位）切换为 disarmed position（解除预位），发送乘务员相互约定的信号，并进行交叉检查。

三 door open（开启舱门）

完成“door slide mode（紧急出口滑梯模式）”切换程序后，客舱乘务长将客舱照明充分调亮，为乘客下机做好准备。

DOOR OPEN（开启舱门）前客舱乘务长的任务

客舱乘务长确认 3 种情况无异常后，向地面工作人员发送“door open（开启舱门）”的信号，双方相互确认后 open（开启）door（舱门）。

确认外部情况 → 确认变更滑梯模式 → 确认安全带指示灯熄灭

根据航空公司的规定，地面工作人员在飞机外部确认客舱乘务长的信号后，执行 door open（开启舱门）任务。

注意：在飞机外部，即使 door open（开启舱门）时 slide mode（滑梯模式）是 armed position（预位位置），也会自动切换为 disarmed position（解除预位的位置），防止因 slide（滑梯）非正常启动引发安全事故。

开启舱门后，客舱乘务长应向地面工作人员转交“ship pouch(出港文件)”，同时转达特殊乘客、受限乘客等乘客下机所需的信息。

四 deplaning（下机）

door open（开启舱门）后获得机场方面的下机许可后乘客方可下机，在完成机场方面的所有流程后，由负责广播的乘务员进行下机通知广播。

乘客下机时，客舱乘务员按各 class（座位等级）和负责区域站好，以愉快的表情向乘客表示感谢，并观察乘客下机是否顺利，对需要帮助的乘客积极提供必要的帮助。

1. 乘客下机顺序

急诊病人 → VIP → first class（头等舱） → business class（商务舱） → UM（无成人陪伴儿童） → econmy class（经济舱） → 受限乘客

restricted passenger（受限乘客）

· 受限乘客是指航空公司为了乘客和飞机的安全，可以限制或拒绝搭乘的乘客，限制范围包括身体、精神、法律限制等多种情况。

· 根据受限的乘客类型，各航空公司在运输条款中明确了登机和下机的顺序，乘务员需对相关内容进行了解和确认。

2. 乘客下机后的客舱检查

· 禁止非授权人员进入飞机内部。

· 乘客下机完毕后，全体乘务员确认各区域客舱、卫生间内是否有滞留的乘客。

· 检查每个区域乘客座椅周围、行李架、椅背置物袋、coat room（衣帽间）等客舱安全事项有无异常，同时确认是否有 left behind item（遗失物品）。

· 发现遗失物品时，需转交给地面工作人员，在无法联系到地面工作人员时，要在目的地地面工作人员办公室填写航班号和座位号后移交。

· 确认是否有没来得及归还乘客托付保管的行李。

· 再次确认并回收乘客座位上未回收的服务用品等。

· 客舱设备出现异常时，应向客舱乘务长报告，客舱乘务长在 cabin log book（客舱记录本）上具体记录异常内容和位置，并交给客舱维修师。

· 再次确认 slide mode（滑梯模式）是否处于 disarmed position（解除预位）。

· 客舱乘务长最后巡视客舱，检查有无异常。

· 客舱乘务长向机长报告客舱有无异常。

· 全体乘务员在机长的指示下下机。

五 debriefing（航后讲评会）

飞行结束后，由客舱乘务长负责在指定场所召开 debriefing（航后讲评会），报告飞行中发生的特殊事项或问题，全体机组人员共享这些信息。

航后讲评会是日后改善公司运营或客舱乘务员自身业务的重要环节。对于需要解决的问题或必须改善的情况，应以客舱报告的形式通过正式流程提交给公司。

对 VIP 等重点乘客要以报告形式报送公司，客舱乘务员如需另行报告，应通过公司规定的报告渠道提交。

各航空公司提交报告的系统可能有所不同，报告的形式也多种多样，如书面报告书、电子邮件、基于网络的内联网或智能手机应用程序等。

debriefing（航后讲评会）内容

- 乘客不满或客舱服务中发生的 irregular（非正常）情况。
- 飞机航行过程中发生的异常情况或感知到的 risk（危险因素）。
- 改善服务的提议和建议。
- 乘客的特殊事项。
- 其他需要与组员共享的信息。

09 CHAPTER

IN-FLIGHT BEVERAGE SERVICE

机上饮品服务

- 机上饮品的定义
- 机上饮品的种类
- wine（葡萄酒）
- whiskey（威士忌）
- brandy（白兰地）
- 机内 liquor（烈性酒）和 beer（啤酒）
- cocktail（鸡尾酒）

一 机上饮品的定义

学习目标

- 了解机上饮品的种类。
- 了解飞机上提供的酒精和非酒精饮品。

机上饮品是指在飞机上提供给乘客的饮品，是飞行中为乘客解渴、提升机上餐饮体验和旅行乐趣的重要服务项目之一。

机上饮品一般由矿泉水、咖啡、茶、碳酸饮品等非酒精饮品和各种酒精饮品组成，航空公司不断开发各种类型的饮品，为乘客提供丰富的服务体验。

与飞机餐不同，除规定的服务时间外，在不违反安全规定的情况下，机上饮品可根据乘客需求在飞行中随时提供。

特别是在乘客休息或观影期间，客舱乘务员要考虑到机舱内干燥的环境，为了提高服务质量，应在乘客提出要求之前主动提供机上饮品服务。

二 机上饮品的种类

客舱内提供多种饮品供乘客选择，这些饮品大致可以分为 non-alcoholic beverages（非酒精饮品）和 alcoholic beverages（含酒精饮品）。

1.non-alcoholic beverages（非酒精饮品）的种类

非酒精饮品指不含酒精成分的饮品。飞机上的非酒精饮品种类因航空公司而异，但一般包括矿泉水、果汁类、soft drink（无酒精饮品）类、mixer（调酒用的混合饮品）、咖啡、茶等。

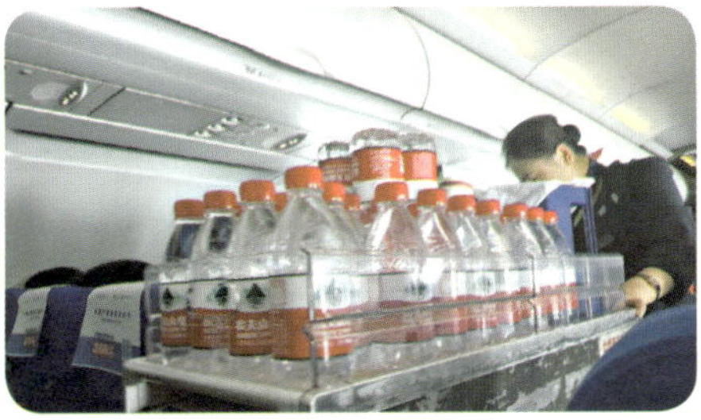

cold beverage（冷饮）

品目	种类
water（水）类	· mineral water（矿泉水） · sparkling water（苏打水）、perrier（巴黎水）等
juice（果汁）类	· orange juice（橙汁）、pineapple juice（菠萝汁）、coconut milk（椰汁）、tomato juice（番茄汁）、guava juice（番石榴汁）、apple juice（苹果汁）等
soft drink（无酒精饮品）类	· coke（可乐）、diet coke（无糖可乐）、sprite（雪碧）、diet sprite（无糖雪碧）、pepsi（百事可乐）等
mixer（调酒用的混合饮品）类	· soda water（苏打水）、ginger ale（姜味汽水）、tonic water（汤力水）等 · 鸡尾酒的辅料
milk（牛奶）类	· low fat milk（低脂牛奶）、whole fat milk（全脂牛奶） · pasteurized milk（巴氏灭菌牛奶）、non-pasteurized milk（未经巴氏灭菌牛奶）
tea（茶）类	· cold tea（凉茶）

hot beverage（热饮）

品目	种类
coffee	· regular coffee（一般咖啡）：brew coffee（萃取咖啡）、instant coffee（速溶咖啡） · decaffeinated coffee（无咖啡因咖啡） · espresso（意式浓缩咖啡） · vienna coffee（维也纳咖啡）等
tea	· green tea（绿茶）、black tea（红茶）、jasmine tea（茉莉花茶）、oolong tea（乌龙茶）、Longjing tea（龙井茶）等

coffee 的种类

▶ **brew coffee（萃取咖啡）**

将 coffee（咖啡）豆研磨后，用咖啡滤纸过滤后饮用的咖啡。

▶ **instant coffee（速溶咖啡）**

易溶于热水或水中，可直接饮用的即食咖啡。

▶ **decaffeinated coffee（无咖啡因咖啡）**

最大限度地减少 caffeine（咖啡因）的同时保留咖啡香味的咖啡。

▶ **espresso（意式浓缩咖啡）**

利用高压蒸汽或热水穿透烘焙过的黑咖啡豆制成的浓咖啡。

▶ **Vienna coffee（维也纳咖啡）**

在 brew coffee（萃取咖啡）上面加入白色 whipping cream（搅打奶油）的咖啡。

2.alcoholic beverage（含酒精饮品）种类

含酒精饮品是指以水果类中的糖和谷类中的淀粉为原料，经发酵制成的酒精成分含量在 1% 以上的饮品，根据配方或特性不同，种类繁多。

航空公司主要提供享誉世界的品牌产品，客舱乘务员需以事先习得的专业知识为基础，根据乘客的喜好提供服务。

· aperitif（开胃酒）

开胃酒包括不甜的酒精类饮品、cocktail（鸡尾酒）、champagne（香槟）等。

· table wine（佐餐酒）

有酒精浓度低、对胃负担小，包括 wine（葡萄酒）、beer（啤酒）等，用餐时与食物的味道相融合，起到增强食欲、增加用餐乐趣的作用，一般以葡萄酒为主。

· digestif（餐后酒）

有助于促进消化的甜酒包括 brandy（白兰地）、liqueur（烈性甜酒、餐后甜酒）等。

三 wine（葡萄酒）

wine（葡萄酒）由葡萄压榨成 100% 葡萄汁，通过自带的糖分和酵母自然发酵而成。

红葡萄酒在体内起碱性作用，具有中和摄取的酸性肉类的作用，而且葡萄酒中的 tannin（单宁）成分会使肉类变得鲜嫩。红葡萄酒中含有大量的单宁成分，口感略带涩味，可起到天然防腐剂的作用，与白葡萄酒相比保存的时间更长。

葡萄酒的酒精度为 10%~15%Vol，很适合做佐餐酒。在西式套餐中，红肉适合配红葡萄酒，而鱼和海鲜则适合配白葡萄酒。

以红葡萄酒为例，其组成成分为：水分 86%、醇类 12%、甘油 1%、有机酸 0.4%、单宁和多酚类化合物 0.1%，其他成分 0.5%。

1. 制造过程

葡萄酒制造过程如下。

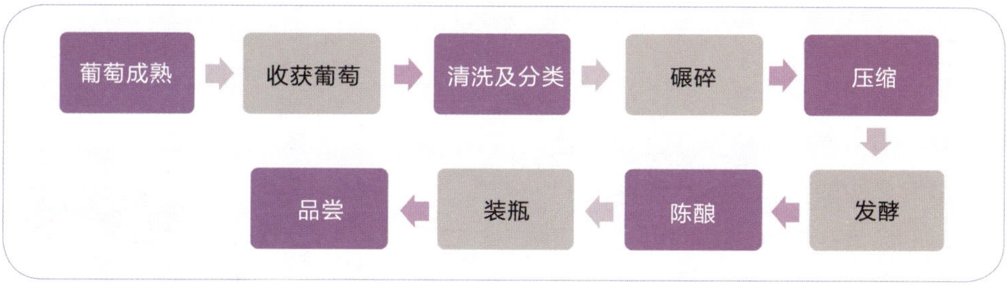

葡萄酒制造过程

2. 葡萄品种

不同品种的葡萄都有其独特的口感、香气和色泽，因此可以说葡萄的品种是决定葡萄酒特点的最重要因素。

红葡萄品种

Cabernet Sauvignon（赤霞珠）

· 生长在砂砾多的土壤中以及高温干燥气候中，果皮厚，有沉甸甸的感觉。

· 颜色深、tannin（单宁）味浓。

· 酿制后呈深红色。

· 适合搭配奶酪、牛肉和羊肉。

Pinot Noir（黑皮诺）

· 该品种主要种植在法国的 Bourgogne（勃艮第）和 Champagne（香槟）区。

· 果皮薄，单宁含量少，酸度高。

· 散发着清香的树莓、草莓、樱桃等果香。

· 酿制后呈浅色、清亮的颜色。

· 适合搭配肉类料理或金枪鱼、三文鱼等鱼类料理。

Merlot（梅洛）

· 世界各地均有种植，果粒大，果皮薄。

· 其特点是单宁含量少，口感温和。

· 散发着浓郁的李子般的果香。

· 酿制后呈砖红色。

· 适合搭配所有料理。

绿葡萄品种

Chardonnay（霞多丽）

· 世界各地均有种植，是绿葡萄的代表性品种。
· 喜凉爽气候，果皮和果肉难以分离。
· 散发着苹果或柑橘等果香。
· 有酸味和浓郁的味道。
· 适合搭配白肉类，如鸡肉、鸭肉、牡蛎和贝类。

Riesling（雷司令）

· 德国具有代表性的绿葡萄品种，耐寒性较强，采收较晚。
· 淡绿色，果皮薄。
· 酸度和糖度非常均衡，味道干爽清香。
· 散发着苹果香和青柠香。
· 适合搭配熏鱼、螃蟹和辛辣食物。

Sauvignon Blanc（长相思）

· 世界各地均有种植，酸度较高，散发着清香和青草香。
· 能感受到适度的酸味和水果香。
· 从干爽到甜味，品种繁多。
· 适合搭配鱼类料理和海产品。

3. wine（葡萄酒）的分类

区分	种类	特点
酿造方式	still wine（无汽葡萄酒）	不含碳酸的葡萄酒
	sparkling wine（起泡葡萄酒）	一种产生碳酸气并产生泡沫的发泡葡萄酒
	fortified wine（加度葡萄酒）	在 still wine（无汽葡萄酒）中添加 brandy（白兰地），酒精度高的葡萄酒
色泽	red wine（红葡萄酒）	将红葡萄的果皮和籽一同发酵而成的葡萄酒
	white wine（白葡萄酒）	将绿葡萄或红葡萄压榨后分离出果皮和籽，用果汁制成的葡萄酒
	rose wine（玫瑰红葡萄酒）	将红葡萄的果皮和籽发酵后，将皮和籽分离，只用果汁发酵而成的葡萄酒
糖度	dry wine（干葡萄酒）	完全发酵的葡萄酒，不含糖分
	sweet wine（甜味葡萄酒）	在保留适量糖分时停止发酵的葡萄酒

区分	种类	特点
重量	light-bodied wine（清淡型葡萄酒）	口感清爽、发酵时间较短的葡萄酒
	medium-bodied wine(中酒体葡萄酒）	在口中能体会到一定重量感的葡萄酒
	full-bodied wine（浓郁型葡萄酒）	在口中可以体会到饱满感和厚重感的葡萄酒

4. 了解 wine label（酒标）

葡萄酒的标签上标明了葡萄酒的信息。客舱乘务员在向乘客提供葡萄酒之前，需再次确认每个 wine label（酒标），传达专业、准确的信息。如果在乘客面前确认 wine label（酒标）并传达信息， 可能会让乘客对客舱乘务员的专业性产生怀疑。

- 产区和地址
- 葡萄酒名称
- 葡萄品种
- 是否由酒庄装瓶
- 葡萄年份
- 葡萄酒等级
- 容量
- 酒精度

① 由酒庄装瓶
② 葡萄酒名称
③ 顶级葡萄酒
④ 葡萄收获年份
⑤ 最高等级
⑥ 产地
⑦ 酒精度
⑧ 容量
⑨ 葡萄酒原产地（原产地命名保护）
⑩ 生产地址

5.wine（葡萄酒）的贮存

用不同方式贮存葡萄酒，其价值会产生差异。为了妥善贮存，必须具备一定的条件。

- 光线
- 保持温度
- 保持湿度
- 无振动环境

· 光线会使葡萄酒氧化，因此应避免阳光直射。

· 温度应保持在 12~13 ℃，葡萄酒温度过高会氧化，温度过低时会失去酒香味，不能发酵。

· 湿度应保持在 65%~80%，若酒瓶的软木塞干燥，空气进入瓶内会造成葡萄酒腐坏，因此，酒瓶要平放，保持软木塞湿润。

· 在有振动的场所贮存葡萄酒，会使葡萄酒的香气和口感因振动而发生改变。

6. 提供 wine service （葡萄酒服务）的用具

wine glass（葡萄酒杯）

葡萄酒的种类不同，使用的杯子形状或大小也不同。

red wine glass（红葡萄酒杯） white wine glass（白葡萄酒杯） champagne glass（香槟酒杯） dessert wine glass（烈性甜酒杯） economy class wine glass（经济舱的红酒杯）

用于 economy class（经济舱，简称 E/Y）的红酒杯没有 stem（杯腿）和 foot（杯脚），通常预先放在 meal tray（餐盘）上并搭载在飞机上。

- 葡萄酒杯由 rim（杯沿）、bowl（杯碗）、stem（杯腿）、foot（底座）组成。
- 在提供服务时应确认葡萄酒杯的清洁状态。
- 葡萄酒倒至杯子的 2/3 左右。

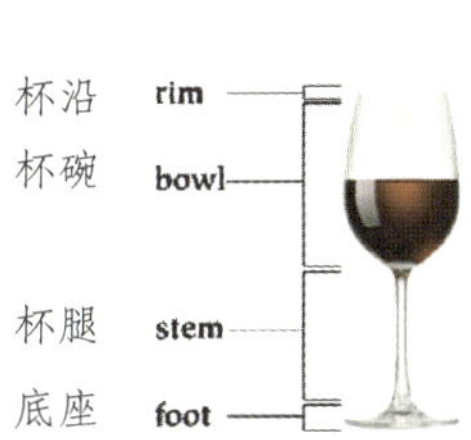

wine basket（葡萄酒篮）

葡萄酒篮是用于将机上搭载的葡萄酒按种类放入后向乘客 showing（展示）的篮子。

客舱乘务员应一手握住酒篮手柄，一手托住酒篮下端，为了方便乘客选择进行 showing（展示），服务时将酒瓶从酒篮手柄后侧取出或放入。

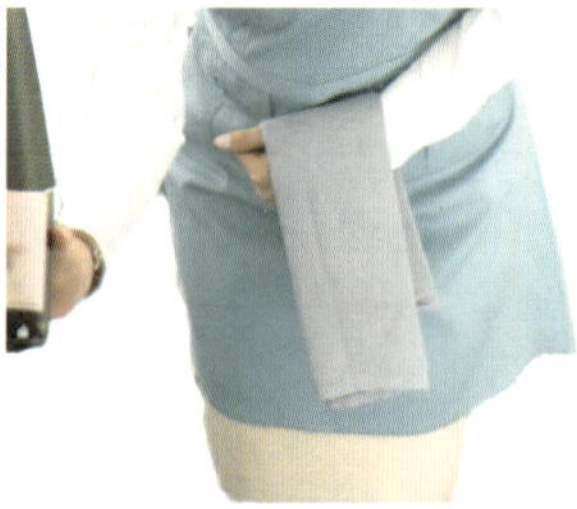

wine linen（葡萄酒巾布）

在提供葡萄酒服务时，需要使用葡萄酒巾布擦拭流出瓶口的葡萄酒或包裹葡萄酒瓶，防止由于体温的传导使葡萄酒的温度升高。

7.wine manner（葡萄酒礼仪）

wine pouring（斟葡萄酒）

（错误）

（正确）

- 握 wine（葡萄酒）瓶时，要握住瓶子的底部，慢慢倒酒，以免酒瓶碰到杯子。
- 试饮 wine（葡萄酒）时，只倒满杯子的 1/4，品味香气时最好轻轻 swirl（旋动）酒杯，以维持葡萄酒的温度。
- 试饮后斟倒乘客所选的酒时，一般可倒满 1/3 左右，也可倒到酒杯最宽的部位。葡萄酒需要通过一定的空间将空气和香气融合在一起，因此不需倒满。
- 倒入适量后，为防止葡萄酒飞溅，轻轻 twist（旋转）葡萄酒瓶口，可以防止葡萄酒顺着杯子淌落。
- 另一只手拿着 wine linen（葡萄酒巾布），倒出适量后轻轻擦拭酒瓶口，防止酒滴溅到桌子上或乘客的衣服上。
- 让 wine（葡萄酒）杯空杯是不礼貌的，因此在剩余较少时，确认乘客是否需要续杯后再倒。

（错误）

（正确）

接过 wine（葡萄酒）时

- 为了不让倒 wine（葡萄酒）的人有负担，不要盯着看。进行轻松的对话或将视线放在酒杯上。
- 不用举起酒杯，放在桌子上接受倒酒即可。如果接受的人举起酒杯，倒酒的人就要把酒瓶举得更高，因此，即使对方是长辈，也不用举起酒杯。
- 将一侧手的指尖轻轻放在底托上，轻轻行注目礼向对方表示感谢即可。

· 如果想用双手接过，可以用一只手握住杯腿，另一只手握住杯子的底部或杯身后接过。

饮用 wine（葡萄酒）

· 握住葡萄酒杯的 stem（杯腿），防止手上的温度使葡萄酒的温度升高。

· 通过 swirl（旋转）酒杯，使葡萄酒与空气充分接触，使口感达到最佳。

· 按照用眼睛赏葡萄酒的颜色，用鼻子闻香气，用嘴品尝的顺序慢慢品尝并饮用。

· 在口中有食物的状态下不要喝葡萄酒，如果葡萄酒杯沾上食物，应立即擦拭。

· 一饮而尽或连续喝几杯，既品尝不到葡萄酒的真味，也不符合礼仪，所以喝的时候要一点一点品味葡萄酒的味道和香气。

8. 在客舱提供 wine（葡萄酒）服务的方法

服务准备

葡萄酒的品质至关重要，但通过 chilling（冷却）和 breathing（醒酒）味道也会有所不同，因此针对不同的葡萄酒进行适当准备尤为重要。

wine chilling（葡萄酒的冷却）

葡萄酒的冷却是指在提供服务前将 white wine（白葡萄酒）或 sparkling wine（起泡葡萄酒）放入冰块中冷却的准备工作。

为避免酒标受损，可将酒瓶装入塑料袋后 chilling（冷却）。

wine（葡萄酒）的适宜温度

· white wine（白葡萄酒）的适宜温度为 6~12 ℃

· red wine（红葡萄酒）的适宜温度为 15~20 ℃

breathing（醒酒）

提前开启葡萄酒，使其与空气中的氧气接触，从而去除瓶中残留的单宁和芳香物质，使葡萄酒的味道和香气得以复苏。

wine open（开酒）

考虑到 wine breathing（葡萄酒醒酒）时间，需在提供服务前开酒。

· 将酒瓶擦干净。
· 根据 wine opener（葡萄酒开瓶器）的使用方法，慢慢拔出 cork（软木塞）。
· 注意不要让 cork（软木塞）的碎渣掉入酒瓶内。

wine tasting（葡萄酒试饮）

· 葡萄酒根据种类和发酵时间不同，具有独特的色、香、味，因此饮用前为了选择葡萄酒的色、香、味，要进行少量品尝，这一步骤称为 wine tasting（葡萄酒试饮）。
· 一般来说，在提供葡萄酒服务时，让乘客对所选的葡萄酒进行 tasting（试饮）是服务礼仪，但在经济舱，因为要在限定时间内为众多乘客提供服务，因此省略了 tasting（试饮）。
· 即使是在经济舱，如果服务时间充裕，或者乘客在两种葡萄酒的选择上犹豫不决时，也可以自然地建议试饮。
· 在高级舱位提供服务时必须建议 tasting（试饮）。
· tasting（试饮）时倒至酒杯的 1/3。
· 确认乘客满意后，倒至酒杯的 2/3。

wine pouring（斟酒）

label showing 展示标签	使乘客可看到 wine（葡萄酒）的 lable（标签），然后进行介绍
pouring 斟酒	斟到 wine（葡萄酒）杯的 1/2~2/3，注意不要碰到 wine（葡萄酒）rim（杯沿）
stop & twist 停住、旋转瓶口	斟完后将瓶身直立收起，将 wine（葡萄酒）瓶顺时针旋转
eye contact&smile 眼神交流和微笑	斟完 wine（葡萄酒）后与乘客进行 eye contact&smile（眼神交流并微笑）

提供 wine（葡萄酒）服务时的注意事项

· 在提供 wine（葡萄酒）服务前，应事先熟悉 wine label（葡萄酒标签）或 wine list（葡萄酒清单上）标明的葡萄酒名称、产地、葡萄品种等信息，以便正确引导乘客。
· 由于每次飞行搭载的葡萄酒类型不同，长途飞行通常比短途飞行搭载更多种类的 wine（葡萄酒），因此飞行前必须熟悉相关航线所提供的 wine（葡萄酒）的种类及特点。
· 为乘客提供服务时，需要慢慢斟倒，以免葡萄酒洒在 table cloth（桌布）上。
· 不要直接拿起摆在乘客桌子上的红酒杯倒酒。

· 由于飞机会产生颠簸，所以葡萄酒只倒至杯子的 2/3。
· 倒酒时注意不要一滴不剩，因为葡萄酒会产生沉淀物，最好留下少许余量。
· 乘客喝过葡萄酒后，如需其他葡萄酒，应收回已用过的酒杯，并提供新的酒杯后再进行服务。
· 注意随时检查 wine cloth（葡萄酒巾布）的清洁程度，必要时更换新巾布。
· 服务结束后，需塞上软木塞防止香气挥发，与准备服务时相同，white wine（白葡萄酒）在冰块或冰箱中 chilling（冷却），red wine（红葡萄酒）则在常温下保存。

四 whisky（威士忌）

1.whisky（威士忌）的种类

威士忌是将大麦、玉米、黑麦、燕麦等谷物发酵后，在橡木桶中贮存酿制而成的蒸馏酒，酒精度大于 40%Vol。

不同产地具有独特的风味和特点，按产地可分为四大类。

American whisky（美国威士忌）	Scotch whisky（苏格兰威士忌）	Canadian whisky（加拿大威士忌）	Irish whisky（爱尔兰威士忌）

American whisky（美国威士忌）

美国威士忌是美国生产的 whisky（威士忌）的总称，具有代表性的一类是将经谷物发酵的酿造酒进行蒸馏产生高酒精度，在 oak barrel（橡木桶）中酿制 2 年以上，使酒精度达到 40%Vol 以上的 Bourbon whisky（波本威士忌）和用枫木炭过滤蒸馏后的酒精进行酿制的 Tennessee whisky（田纳西威士忌），以及以 51% 以上的黑麦为主要原料生产的 rye whisky（黑麦威士忌）。

种类	产品
Bourbon whisky（波本威士忌）	Jim Beam（金宾）、Wild Turkey（威凤凰）、Old Grand-Dad（老祖父）
Tennessee whisky（田纳西威士忌）	Jack Daniel（杰克丹尼）、George Dickel（乔治迪科尔）
rye whisky（黑麦威士忌）	Koval Rye（科瓦尔黑麦）、Rebel Yell（锐博野）

Scotch whisky（苏格兰威士忌）

苏格兰威士忌指的是 Scotland（苏格兰）制造的 whisky（威士忌），大部分航空公司提供的品牌有 Ballantine's（百龄坛）、Johnnie Walker（尊尼获加）、Chivas Regal（芝华士）、Royal Salute（皇家礼炮）、Jim Beam（金宾）、Glenfiddich（格兰菲迪）、Old Parr（老伯威）等。

苏格兰威士忌以水和发芽的大麦为原料，在 Scotland（苏格兰）酒厂生产，在橡木桶中酿制至少 3 年以上。

Canadian whisky（加拿大威士忌）

作为在 Canada（加拿大）制造的 whisky（威士忌），具有世界上最卓越、最成熟的口感，香气浓郁。

与 American whisky（美国威士忌）相比，黑麦的使用量大，整体口感柔和，香气淡雅。

知名品牌有 Canadian Club（加拿大俱乐部）、Crown Royal（皇冠）、Canadian Rye（加拿大黑麦）等。

Irish whisky（爱尔兰威士忌）

作为在 Ireland（爱尔兰）制造的 whisky（威士忌），爱尔兰威士忌以各种谷物为原料，口感柔和醇香。代表性的品牌有 Bushmills（百世醇）、Jameson（尊美醇）、Tullamore D.E.W.（图拉多）、The Irishman（威士爱尔兰人）等。

2.whisky（威士忌）的饮用方法

straight（纯饮） | on the rocks（加冰） | high ball（高球兑饮）

straight（纯饮）	不添加任何添加物，突出威士忌浓烈的香气和口感	
on the rocks（加冰）	在冰上倒入威士忌，使香气或味道比 straight（纯饮）更醇化	
high ball（高球兑饮）	威士忌掺入常温水或碳酸饮品，如可乐或汽水	

五 brandy（白兰地）

· 以发酵后的果汁或葡萄酒为原料，经蒸馏酿制而成。
· 常用作餐后酒。
· 为了享受白兰地特有的香气，会使用杯口狭窄、杯肚饱满的郁金香形状的杯子。
· 还可放入 coffee（咖啡）饮用。
· 白兰地的品牌有 Camus V.S（卡慕）、Hennessy X.O（轩尼诗）、Cognac（干邑）、Rémy Martin（人头马）等。

六 机内 liquor（烈性酒）和 beer（啤酒）

1. gin（杜松子酒）

gin（杜松子酒）是一种以大麦、小麦、燕麦、玉米等为原料，经发酵后蒸馏而成、未经陈酿的酒，无色透明，主要用作 cocktail base（鸡尾酒酒基）。除主料谷物外，将辅料 juniper berry（杜松子）、lemon（柠檬）和各种香草混合蒸馏。

其特点是 dry（干），味道浓烈，香气清爽，酒味柔和，酒精度高达 40%Vol，但与其他酒相比不易宿醉。

代表性品牌有 Bombay Sapphire（孟买蓝宝石）、Gordon' s（哥顿）、Beefeater（伦敦塔卫兵）等。

2.vodka（伏特加）

伏特加是主要使用大麦、小麦、黑麦、玉米、马铃薯等谷物酿造而成的蒸馏酒，经桦木活性炭过滤，不经过陈酿过程，易于大规模生产，生产成本低。

vodka（伏特加）无色无味，酒精味不浓，可作为纯饮或鸡尾酒配料。

知名品牌有 Smirnoff（斯米诺夫）、Absolut（绝对）、Gordon's（哥顿）、Finlandia（芬兰地亚）、Gilbey's（杰彼斯）等。

3.rum（朗姆酒）

朗姆酒是从甘蔗中提取糖蜜经发酵蒸馏而成的白酒，具有多种风味和香味，一般以甜味和香味为其特征，常用于烘焙食品，也可用于调制各种饮品和鸡尾酒。

代表性的 rum 鸡尾酒有 Mojito（莫吉托）、Piña Colada（椰林飘香）、Rum Flamingo（朗姆火焰）等。

4.beer（啤酒）

啤酒是以 barley malt（大麦芽）为原料，经制汁、过滤后加入 hops（酒花），经酵母发酵而成的酿造酒，营养丰富，酒精度低至 4%~6%Vol。

机上搭载了各国乘客喜爱的各种啤酒，相关航线国家的啤酒搭载比率会更高一些。

七 cocktail（鸡尾酒）

鸡尾酒是以浓烈的蒸馏酒为基础，将各种饮品进行混合，添加酸甜等口味制成的酒精饮品，酒精度较低，适合作为增进食欲的开胃酒。鸡尾酒有 4 个不同的组成部分，即 basic alcohol（基础酒精）、mixer（调酒用的混合饮品）、seasoning（调味品）以及增加视觉美感和风味的 garnish（装饰）。

basic alcohol（基础酒精）	mixer（调酒用的混合饮品）	seasoning（调味品）	garnish（装饰）

seasoning（调味品）

- seasoning（调味品）是配制鸡尾酒时完成鸡尾酒口味的重要因素。
- 使用香草、盐、糖、水果皮、香料等。
- 起到丰富鸡尾酒风味的作用。
- 起到平衡整体口感的作用。

1. 提供 cocktail（鸡尾酒）服务的重要性

cocktail（鸡尾酒）与在 economy class（经济舱，缩写为 E/Y）提供的普通饮品不同，是根据乘客的要求专门调制的、具有营造特殊氛围意义的饮品。客舱乘务员在飞行前必须熟知主要 cocktail（鸡尾酒）的调制方法，在乘客提出要求时，以专业乘务员的姿态游刃有余地提供服务。

2.cocktail（鸡尾酒）的基本要素 >>>

基本要素	内容
basic alcohol（基础酒精）	鸡尾酒的基本酒
mixer（调酒用的混合饮品）	soda water（苏打水）、tonic water（汤力水）、ginger Ale（姜味汽水）、juice（果汁）类等
seasoning（调味品）	Tabasco sauce（塔巴斯哥辣酱）、Worcestershire sauce（伍斯特沙司）、sugar（白糖）、salt（盐）、pepper（胡椒粉）等
garnish（装饰）	lemon（柠檬）、lime（青柠）、orange（橙子）、cherry（樱桃）、pineapple（菠萝）、olive（橄榄）、celery（香芹）等

3. 调制 cocktail（鸡尾酒）用语 >>>

用语	内容
straight（纯饮）	酒中不加冰的饮用方法
on the rocks（加冰块）	冰上倒酒的饮用方法
mix（兑和）	在 glass（杯中）依次添加或组合冰等其他材料，是一种简单的、不需要剧烈搅拌或摇晃的调制方法
shaking（摇晃）	将材料放入 shaker（调酒器），使劲摇晃的方法
floating（漂浮）	将比重不同的材料由重的开始依次倒入，层层分明的方法
blending（搅拌）	与碎冰一起放入 blender（搅拌机）中电动搅拌调制的方法
stir（调和）	将材料放入杯子中轻轻搅拌的方法
strain（过滤）	过滤冰块的方法

4. 调制 cocktail（鸡尾酒）时的注意事项 >>>

· 将 cocktail（鸡尾酒）的温度保持在 4~6 ℃。
· mixer（调酒用的混合饮品）为起泡酒时不要过多搅拌。
· 使用新鲜且不干燥的 garnish（装饰）。
· 需使用干净硬实的冰块。
· 避免使用融化的冰块，以免稀释 cocktail（鸡尾酒）。
· 提供加入冰块的 cocktail（鸡尾酒）时一同提供 muddler（搅拌棒）。
· 加入白糖的鸡尾酒充分搅拌融化后再放入冰块。

调制鸡尾酒的工具

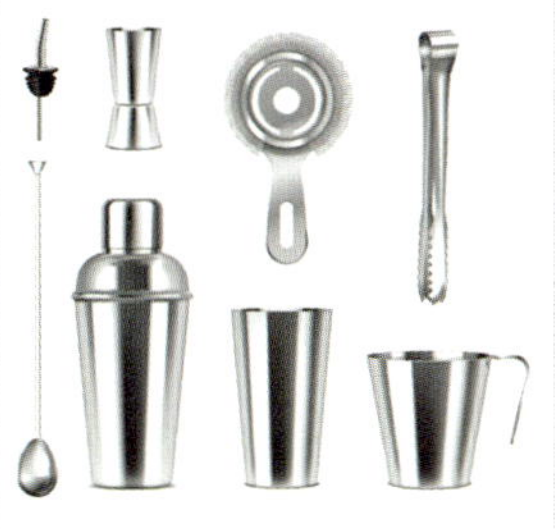

5. 调制 cocktail（鸡尾酒）时的用语

用语	缩略语	图例
wine glass（葡萄酒杯）	W/G	
champagne Glass（香槟杯）	C/G	
tumbler glass（平底杯）	T/G	
liquor glass（烈酒杯）	L/G	
ounce（盎司）	oz	
teaspoon（汤匙）	T/S	
teaspoon（茶匙）	t/S	

6. 代表性的鸡尾酒

cocktail（鸡尾酒）	glass（酒杯）	ice（冰块）	basic alcohol（基础酒精）	mixer（调酒用的混合饮品）	seasoning（调味品）	garnish（装饰）
whisky sour（威士忌酸酒）	W/G	√	blended whisky（调和威士忌）1.5oz	lemon juice（柠檬汁）0.3oz	sugar（白糖）1t/S	lemon slice& cherry（柠檬片和樱桃）
Manhattan（曼哈顿）	W/G	X	Bourbon whisky（波本威士忌）1.5oz	sweet vermouth（甜苦艾酒）0.7oz		cherry（樱桃）
Gin Tonic（金汤力）	T/G	√	gin（杜松子酒）1~1.5oz	tonic water（汤力水）		lemon slice（柠檬片）
Martini(马提尼）	W/G	X	gin（杜松子酒）1.5oz	dry vermouth（干苦艾酒）0.7oz	olive（橄榄）	
Screw Driver（渐入佳境）	T/G	√	vodka（伏特加）1oz	orange juice（橙汁）		orange slice（橙子切片）
Bloody Mary（血腥玛丽）	T/G	√	vodka（伏特加）1oz	tomato juice（番茄汁）	Tabasco（塔巴斯科辣酱）、salt（盐）、pepper(胡椒）	lemon slice（柠檬片）
Buck's Fizz（巴克泡腾酒）	C/G	X	champagne（香槟）2.5oz	orange juice（橙汁）		orange slice（橙子切片）

7. 代表性的鸡尾酒调制方法

cocktail（鸡尾酒）	调制方法
whisky sour （威士忌酸酒） 	W/G(酒杯)中放入 ice（冰块），倒入 basic alcohol（基础酒精）。将 mixer（调酒用的混合饮品）倒至 W/G(酒杯)的 2/3，然后进行 stir（调和）
Manhattan （曼哈顿） 	在 basic alcohol（基础酒精）中放入 mixer(调酒用的混合饮品)和 ice(冰块)。strain（过滤）到 W/G（酒杯）里
Gin Tonic （金汤力） 	T/G（酒杯）中装满 ice（冰块），倒入 basic alcohol（基础酒精）。将 mixer（调酒用的混合饮品）倒至 T/G（酒杯）的 2/3，然后进行 stir（调和）
Martini （马提尼） 	倒入 basic alcohol（基础酒精）、mixer(调酒用的混合饮品)和 ice(冰块)，strain（过滤）到 W/G（酒杯）里
Screw Driver （渐入佳境） 	T/G（酒杯）中装满 ice（冰块），倒入 basic alcohol（基础酒精）。将 mixer（调酒用的混合饮品）倒至 T/G（酒杯）的 2/3，然后进行 stir（调和）
Bloody Mary （血腥玛丽） 	T/G（酒杯）中装满 ice（冰块），倒入 basic alcohol（基础酒精）。将 mixer（调酒用的混合饮品）倒至 T/G（酒杯）的 2/3。添加 seasoning（调味品）后进行 stir（调和）
Buck's Fizz （巴克泡腾酒） 	C/G（酒杯）中首先倒入 mixer（调酒用的混合饮品），然后倒入 basic alcohol（基础酒精）

10 CHAPTER

IN-FLIGHT MEAL INTRODUCTION

飞机餐介绍

- 飞机餐概要
- 飞机餐的起源——西餐
- 普通飞机餐
- special meal（特殊餐）

一 飞机餐概要

学习目标

- 了解飞机餐的特点。
- 了解西餐的特点及菜单。
- 了解各种飞机餐。
- 了解飞机 special meal（特殊餐）。

1. 飞机餐的定义

飞机餐是指飞行中提供给乘客的餐食。根据飞行时间或出发时间的不同， 各航空公司以不同的形式和次数提供餐食。

2. 飞机餐的特点

· 源于西餐。
· 由易消化、吸收快、相对低热量的食物组成。
· 既有短途航线的简单 snack（小吃），也有长途航线的套餐。

· 是乘客对机上服务中期待值最高的部分。
· 是影响顾客满意度的关键因素。
· 根据航线和飞行时间提供不同类型的餐食。
· 为满足不同国籍乘客的喜好和季节性需求，航空公司通常以 3~4 个月为周期更新 menu（菜单）。
· 提供中餐、韩餐、日餐等不同目的地的特色料理。
· 分为普通乘客的普通餐和乘客特殊要求的 special meal（特殊餐）。
· 根据 class（座位等级）不同，提供的套餐也不同。
· 头等舱和商务舱按套餐顺序提供，长途航线可在 3~4 个 main dish（主菜）中选择。
· 经济舱在 tray（飞机餐托盘）上提前准备好后提供，长途航线可在 2~3 个 main dish（主菜）中选择。
· 根据航班起飞时间，将预制的食品贮存在客舱内的专用容器中，于航班起飞前装好，由乘务员加热后提供给乘客。

二 飞机餐的起源——西餐

西餐主要是指法国、意大利等欧洲国家以及美国、加拿大等北美国家的餐食。与其他国家的饮食相比，西餐整体上更善于使用大量肉类、干酪、黄油等动物性食材，这种特点是因为西方国家的地理条件主要以高原或平原为主，西岸海洋性气候居多，乳制品业发达，所以奶酪、黄油等乳制品和肉类便成为西餐的主要材料。

在客舱这一有限的狭小空间内，为了防止乘客因运动不足而导致消化不良或因高热量饮食而引起肥胖，飞机餐在设置时主要由易消化和易吸收的低热量食品构成。同时，为了让客舱乘务员能够毫无负担地提供服务，将西餐比较复杂的套餐料理设计成适合客舱环境的套餐。

大部分航空公司都以西餐为基础，最大限度地保留西餐的固有特征，追求高品质的机上餐饮服务。

1. 西餐的特点 >>>

· 不同套餐的菜单组合不同。
· 按照顺序提供。

· 菜单结构以清淡 ▶ 高热量 ▶清淡的方式组成，整体搭配协调。

· 从促进食欲的味道开始，最后以帮助消化的餐后甜点结束。

2. 了解西餐的菜单

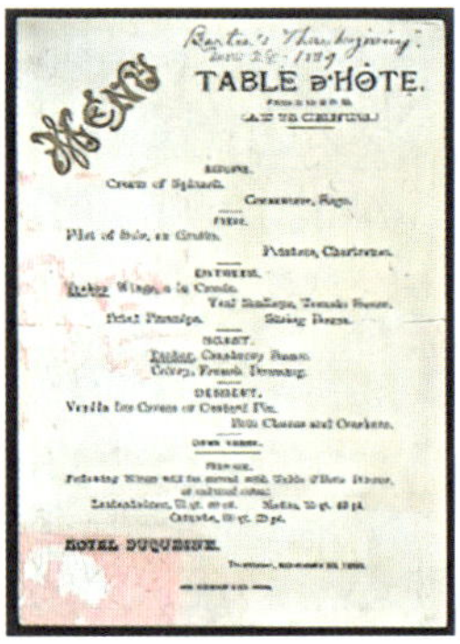

- **table d' Hote（套餐）**

  · full-course meal（全套餐）提前按照一定的顺序安排。

  · 与乘客的饮食习惯无关， 提供完整的套餐。

- **à la carte（按菜单点菜）**

  · 在各套餐的多样化菜单中， 乘客可以自由选择一种食用。

- **special menu（特色菜单）**

  · 厨师长推荐的以肉类料理为主、提前安排好的菜单。

  · 根据时间、场所、季节变化提供菜单，价格低廉。

西餐正餐套餐

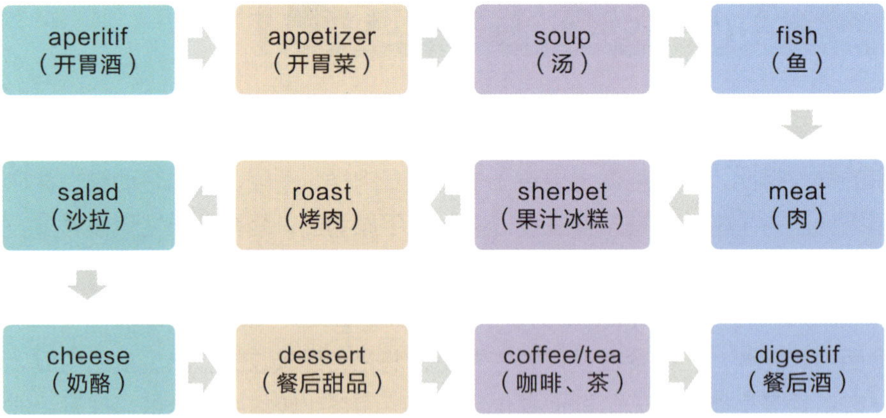

- **aperitif（开胃酒）**

  · 指饭前为增进食欲而饮用的酒精饮料。

  · cocktail（鸡尾酒）、 champagne（香槟）、campari（金巴利）、dry sherry（干雪莉）、vermouth（苦艾酒）等。

- **appetizer（开胃菜）**

  · 被称为前菜， 少量提供优质的组合。

  · 用漂亮、华丽的色彩和装饰来增进食欲。

种类	特点	图例
caviar （鱼子酱）	· 鲟鱼卵 · 有助于消化，蛋白质含量为 30% · 配上捣碎的鸡蛋、洋葱、柠檬、酸奶油	
foie gras （鹅肝酱）	· 用鹅肝做的料理 · 口感嫩滑油腻 · 高级法国烹饪食材之一	
canape （开胃小菜）	· 在面包或饼干上放蔬菜、奶酪、鸡蛋、三文鱼和水果的菜肴 · finger food（手取食物）形式，华丽的装饰和颜色是其特点	
smoked salmon （熏三文鱼）	· 熏三文鱼 · 搭配洋葱末、柠檬和 caper（刺山柑花蕾）	

- soup（汤）

· 用从肉、禽、鱼、蔬菜中提取的高汤或奶油作为 base（底料）的汤类料理。

· 在主菜前促进食欲。

· 助消化。

· 保护胃黏膜。

· 是西餐中唯一的汤。

· 有 clear soup（清汤）和 thick soup（浓汤）两种。

- main dish（主菜）

· 正餐套餐中最 main（主要）的餐食。

· 按照 fish（鱼）、meat（肉）、sherbet（果汁冰糕）、roast（烤肉）的顺序提供。

· 由 main dish（主菜）、starch（含淀粉类食物）、vegetable（蔬菜）组成。

3.main dish（主菜）的种类

种类		图例
meat （肉）类	beef（牛肉）、pork（猪肉）、lamb（羊肉）	

种类		图例
poultry（禽）类	鸡肉、鸭肉、火鸡	
seafood（海鲜）类	鱼类、贝类、甲壳类	

4.starch（含淀粉类食物）

· 指搭配主菜的谷物、薯类等碳水化合物。

5.vegetable（蔬菜）

· 指搭配主菜的蔬菜。

· sherbet（果汁冰糕）

· 将果汁或水果用细筛过滤，加入糖、洋酒、乳制品，在冰箱中冷藏、冷冻的菜肴。

· 在正餐套餐中，起到清口、使口味焕然一新的作用，在主菜和 roast（烤肉）料理之间提供。

· salad（沙拉）

· 在生蔬菜上撒上 sauce（料汁）食用，有助于消化主菜。

· 用碱性食物中和肉类等酸性食物。

· 像为蔬菜穿上衣服一样将 sauce（料汁）撒在蔬菜上，因此被称为 dressing（穿衣、穿戴，此处为料汁的意思）。

· salad dressing（沙拉料汁）的主材料一般为油和醋。

· salad dressing（沙拉料汁）使 salad（沙拉）的味道更加丰富和美味。

· dessert（餐后甜品）

· 就餐结束后， 甜品有助于消化并为用餐体验画上愉快的句号。

· 有 cheese（奶酪）、fruit（水果）、sweet dish（甜品）等。

6.cheese（奶酪）的种类

种类	特点	图例
Cheddar（切达）	起源于英国切达地区，是深受英国王室喜爱的干酪	
Gorgonzola（戈尔贡佐拉）	意大利北部地区的代表性奶酪，是在成熟过程中用注射器注射霉菌的奶酪	
Edam（艾达姆）	起源于荷兰港口城市 Edam（艾达姆），是一种以脱脂牛奶或半脱脂牛奶为原料制成的奶酪	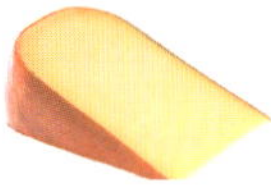
Camembert（卡门贝尔）	Camembert（卡门贝尔）起源于法国卡门贝尔村，是一种由牛乳制成、如奶油般柔软的奶酪	
Emmental（埃曼塔）	起源于瑞士 Emmental（埃曼塔）地区，是生牛奶经加热压榨后发酵的干酪，表面有孔洞	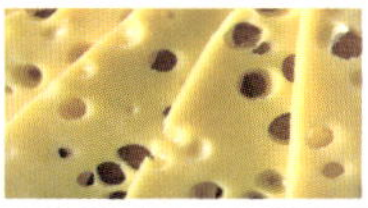
Gouda（高达）	起源于荷兰 Gouda（高达）地区，是牛奶未经加热，经压榨发酵而成的干酪	

7.sweet dish（甜品）

· 味道甘甜，有助于餐后消化。

· 色彩和华丽的装饰带给人视觉上的愉悦效果。

sweet dish（甜品）的种类

种类	图例	种类	图例
cake（蛋糕）		mousse（慕斯）	
pudding（布丁）		ice cream（冰淇淋）	

hot beverage（热饮）

· 具有代表性的热饮有 coffee（咖啡）和 tea（茶），能够刺激肠道活动，是适合作为 course（套餐）最后环节喝的饮料。

digestif（餐后酒）

· 是餐后为帮助消化饮用的酒。

· 餐后酒的酒精含量高于开胃酒。

· 代表性餐后酒有 brandy（白兰地）、cognac（干邑）、whisky（威士忌）、port wine（波特酒）等。

8. 了解 breakfast（早餐）

Continental breakfast（欧陆式早餐）

· 指的是一种较为简单的西式早餐。

· 由 coffee（咖啡）、tea（茶）、juice（果汁）和 bread（面包）组成。

American breakfast（美式早餐）

· 比 Continental breakfast（欧陆式早餐）要多样化。

· coffee（咖啡）、tea（茶）、juice（果汁）、milk（牛奶）。

· bacon（培根）、sausage（香肠）。

· bread（面包）。

· fruit & vegetables（水果和蔬菜）。

· cereal（麦片）、yoghurt（酸奶）。

· eggs（鸡蛋）。

· pancake（松饼）。

English breakfast(英式早餐)

· black pudding（黑香肠），是用猪血凝固而成的英式血肠。

· bacon（培根）、sausage（香肠）。

· fried eggs（煎蛋）。

· fried tomato（炸番茄）、mushrooms（蘑菇）。

· baked beans（番茄酱烘豆）。

· baked bread（烤面包）。

三 普通飞机餐

1. 普通飞机餐的特点

· 以西餐为基础，根据乘客的喜好和季节变化，结合不同飞行时间和航线的需求，进行周期性菜单调整并搭载。

· 飞机餐以多种形式开发世界各地的饮食，根据航线和 class（座位等级）不同，以多样化的形式和方式提供给乘客。

· 根据飞行距离的不同，飞机餐会根据不同的飞行时间和出发时间段，以多种形式提供。

提供飞机餐服务时的注意事项

· 客舱乘务员应掌握飞机餐的基本信息和准确知识，为乘客提供最佳服务。

· 客舱乘务员在向乘客提供 meal tray（餐盘）服务之前，必须确认各 meal tray item（餐盘用品）已全部 setting（准备）好后再提供服务。

2. 按飞行时间划分

划分	飞行时间	餐食类型	提供次数
短程	不满 3 小时	hot meal（热餐）/cold meal（冷餐）/snack（小吃）	1
中程	3~7 小时	hot meal（热餐）	1
长途	7 小时以上	hot meal（热餐）	2

3. 按出发时间段划分的飞机餐名称

飞机餐 type(类型)	出发时间	飞机餐 type(类型)	出发时间
breakfast（早餐）	03:00~09:00	dinner（晚餐）	18:00~21:00
brunch（早中餐）	09:00~11:00	supper（宵夜）	21:00~24:00
lunch（午餐）	11:00~14:00	heavy snack（高热量小吃）	24:00~03:00
snack（小吃）	14:00~18:00		

四 special meal（特殊餐）

1.special meal（特殊餐）的定义

特殊餐是指因宗教、喜好、年龄、健康等原因无法食用普通飞机餐的乘客，在飞机起飞前 24 小时，提出特殊要求而准备的餐食。

2. 提供 special meal（特殊餐）服务的方法

- 飞机舱门关闭前，在地面工作人员向客舱乘务长传达的 SHR（特殊处理清单）文件上记录了订购特殊餐乘客的名单、座位号以及各特殊餐的缩略语。
- 各负责 galley（厨房）的客舱乘务员在飞机出发前与 catering（飞机餐搭载部门）工作人员一起相互确认 special meal（特殊餐）的订单明细。
- 向客舱乘务长报告有无异常情况。
- 要先于普通飞机餐进行提供，需与乘客确认姓名和菜单后再提供。

3.special meal(特殊餐）的种类

幼儿和儿童 special meal（特殊餐）

种类	缩略语	内容
baby meal（幼儿餐）	BBML	· 提供给未满 24 个月婴儿的辅食和婴儿果汁
child meal（儿童餐）	CHML	· 提供给 2~12 周岁的儿童，菜单包括意大利面、汉堡、炸猪排、比萨、热狗、三明治等

baby meal （幼儿餐）

child meal （儿童餐）

宗教餐

种类	缩略语	注意事项
Hindu meal（印度餐）	HNML	· no beef（无牛肉）， 可使用羊肉、家禽类、海鲜和鱼类
Kosher meal（犹太餐）	KSML	· 要按照犹太教律法烹饪，禁止使用猪肉，主要使用牛羊肉 · 餐饮服务前，应向相关乘客展示 KSML box sealing（犹太餐盒的密封）状态，获得许可后，heating（加热）提供
Moslem meal（穆斯林餐）	MOML	· no pork（无猪肉） · 仅使用依据伊斯兰教律法准备的食材，如牛羊肉、家禽类等

Kosher meal（犹太餐）

Moslem meal（穆斯林餐）

调节饮食餐

种类	缩略语	注意事项
low salt meal（低盐餐）	LSML	· 每日盐分摄取量限制在 2 000 毫克以下 · 适合有高血压症状的乘客
low fat meal（低脂餐）	LFML	· 每日脂肪摄取量限制在 30 克以内 · 不使用胆固醇含量高的食材 · 使用蒸、烤等烹饪方法
seafood meal（海鲜餐）	SFML	· 以鱼和海产品为主，搭配谷物、蔬菜和水果
diabetic meal（糖尿病餐）	DBML	· 每日脂肪摄取量限制在 30 克以内 · 适合糖尿病患者 · 调节热量、蛋白质、脂肪和糖的摄取量

vegetarian meal（素食餐）

种类	缩略语	注意事项
vegetarian meal（素食餐）	VGML	· 不使用蛋及奶制品的西式素食餐

seafood meal （海鲜餐）

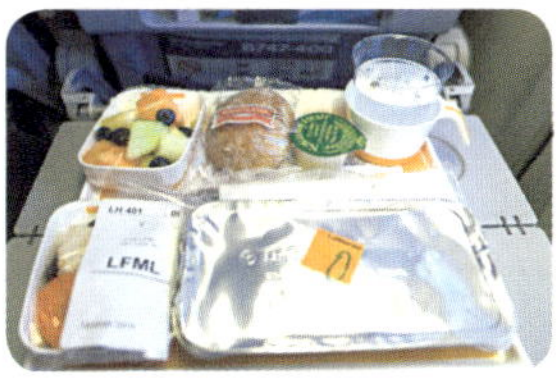

low fat meal（低脂餐）

fresh fruit and vegetable meal（鲜果蔬菜餐）

11 CHAPTER

IN-FLIGHT AMENITIES

机上设施

- 机上用品的定义
- 服务用品的用途
- 服务用具的用途
- 服务用具的使用方法

一 机上用品的定义

学习目标

- 了解飞机搭载的机上用品的定义。
- 学习机上用品的使用方法和用途，并妥当使用。

机上用品是指客舱乘务员向乘客提供客舱服务时用到的各类用品，在飞机起飞前搭载上机，到达目的地后卸下；可分为服务用品和服务用具。机上用品与机上设备或机上装备不同，主要是为保障乘客的便利和安全而准备的。

服务用品和服务用具

· 服务用品

服务用品是供乘客消费或使用的物品，也称服务耗材，如飞机餐、饮料、出入境材料、耳机、枕头、报纸、毛毯等客舱服务所需物品。

服务用具

服务用具是提供服务用品时使用的工具或器具，属于可长期使用且需要管理的非消耗品。

提供服务用品时，应使用规定的用具，郑重地提供服务。

常见的服务用具包括托盘、面包夹、面包篮等。

二 服务用品的用途

服务用品根据用途、大小、材质，分散放置在移动式 container（备份箱）、固定式机上 compartment（隔间）和移动式 cart（推车）的固定位置上。

客舱乘务员应根据实际需要适量取用服务用品，剩余用品必须整理好后放回原位。

meal（餐食）		beverage（饮料）	
提供给乘客的各种餐食		提供给乘客的各种饮料	
muddler（搅拌棒）		**napkin（餐巾纸）**	
用来搅拌饮料的薄塑料条		为保证卫生与便利而提供的纸巾	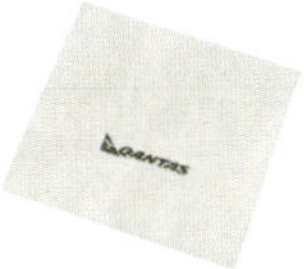
vinyl gloves（乙烯基手套）		**giveaway（随赠品）**	
为维护客舱卫生和预防感染等而使用的一次性手套	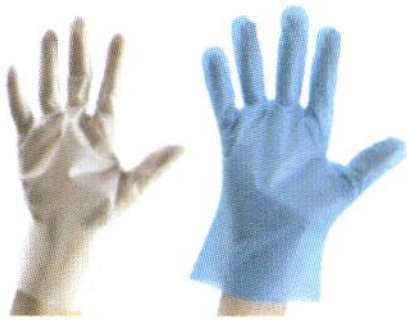	由航空公司制造并免费提供给儿童乘客的纪念品	
magazine（杂志）		**newspaper（报纸）**	
涵盖各类主题的杂志，供乘客休息时使用		刊登最新新闻、体育、经济等咨讯，方便乘客阅览的读物	

toilet soap（卫生间香皂）		toilet lotion（卫生间乳液）	
配备在客舱卫生间里，以便乘客使用	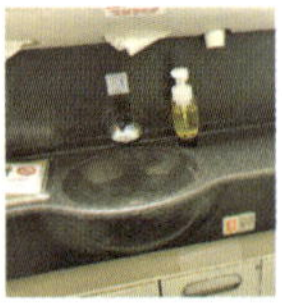	配备在客舱卫生间里，以便乘客使用	
toothbrush set（牙刷套装）		**hot towel（热毛巾）**	
配备在客舱卫生间里的一次性牙刷和牙膏，以便乘客使用		餐前提供便于乘客使用的毛巾和一次性毛巾	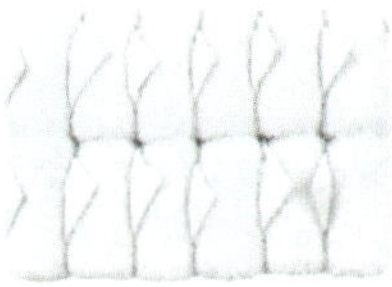
sleeping mask（眼罩）		**earplugs（耳塞）**	
提供眼罩以助乘客入睡		可以最大限度阻隔机上噪声的一次性耳塞	
toothpick（牙签）		**cocktail pick（鸡尾酒签）**	
就餐完毕后使用的一次性牙签		用来装饰鸡尾酒饮料的一次性塑料叉	
cup lid / straw（杯盖、吸管）		**amenity kit（便携式旅行套装）**	
防止饮料洒出的纸杯盖和吸管		提供给高级客舱乘客的便利用品，如乳液、护手霜、梳子、眼罩、袜子等	
paper cup（纸杯）		**plastic cup（塑料杯）**	
印有航空公司标志的一次性纸杯，可用于提供热饮或矿泉水		透明塑料一次性杯子，可用于提供冷饮	

三 服务用具的用途

服务用具起到便于客舱乘务员工作和提高服务质量的作用。由于服务用具是非一次性消耗品，可持续使用，因此客舱乘务员要时刻保持其清洁，小心使用。

meal cart（餐车）		beverage cart（饮料车）	
用于存放和运送乘客餐食的推车		用于存放和运送乘客饮料的推车	
waste bin（垃圾桶）		**oven rack（烤箱架）**	
用于倾倒客舱内垃圾的推车		用于在烤箱里加热飞机餐	
trolley cart（折叠手推车）		**container（备份箱）**	
提供服务用品时使用的折叠式手推车		用于存放飞机上使用物品的可拆卸保管箱	
linen（亚麻布）		**tray（托盘）**	
在高级舱位用于 tray table（小桌板）和 trolley（手推车）的桌布		在飞机上为乘客提供服务用品的方形托盘	
cutlery（餐具）		**glass（杯子）**	
就餐时使用的 knife（刀）、fork（叉）、spoon（勺）等，用 linen（亚麻布）包裹固定		在高级舱位使用的所有玻璃杯	
linen napkin（亚麻布巾）		**ice scoop（冰铲）**	
用于包裹面包篮、葡萄酒瓶，或作为高级舱位的 tray mat（托盘垫）和包裹 cutlery set（成套餐具）		用于一次性装入一定量 ice cube（冰块）的工具	

ice tongs（冰块夹）		ice bucket（冰桶）	
夹起单个 ice cube（冰块）时使用的夹子	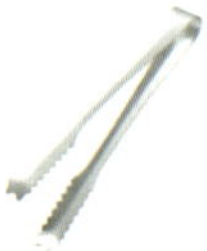	可容纳大量 ice cube（冰块）的不锈钢容器	
bread basket（面包篮）		**towel basket（毛巾篮）**	
用于装入适量面包的篮子，提供卫生、便利的服务		用于存放毛巾的篮子，提供卫生、便利的服务	
bread tongs（面包夹）		**towel tongs（毛巾夹）**	
用于夹取面包的工具，提供卫生、便利的服务	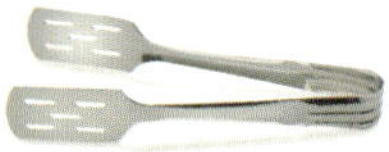	用于夹取毛巾的工具，提供卫生、便利的服务	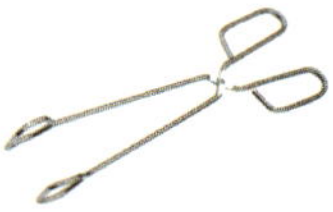
wine opener（开酒器）		**oven gloves（烤箱手套）**	
用于开启葡萄酒的工具		用于拿取发烫物品的防热手套	
dishware（餐具）		**dinner ware（整套餐具）**	
用于高级舱位的高级瓷制餐具	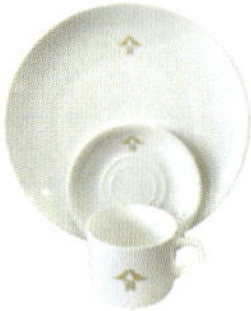	用于 economy class（经济舱）的塑料餐具	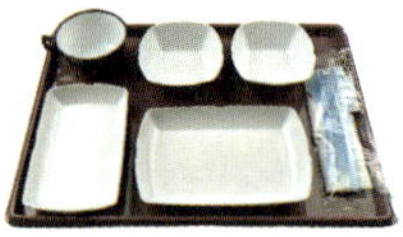
coffee decanter（咖啡壶）		**coffee pot（咖啡壶）**	
用于将 coffee 进行 brew（过滤）的工具		用于将 brew（过滤）好的 coffee（咖啡）倒入咖啡壶，提供给乘客的工具	
hot cup（烧水杯）		**drawer（抽屉）**	
用于煮食物、水、粥、方便面等的工具		为确保提供餐饮服务时的安全，用于放入 cart（推车）内保管服务用品或放在 cart（推车）上保管饮料或杯子等的工具	

gravy boat（船形料汁盘）		wine basket（酒篮）	
用于 F/C（头等舱）提供 salad（沙拉）时盛 sauce（料汁）的工具		用于在高级舱位提供 wine（葡萄酒）服务时，按种类摆放，向乘客进行展示的工具	
glass holder（杯架）		**silver tray（银盘）**	
用于存放或回收高级舱位使用过的 glass（杯子）的工具	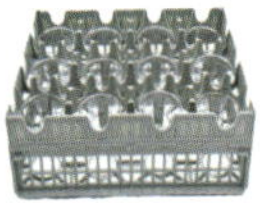	用于在高级舱位提供服务用品或回收时使用的 tray（托盘）	

四 服务用具的使用方法

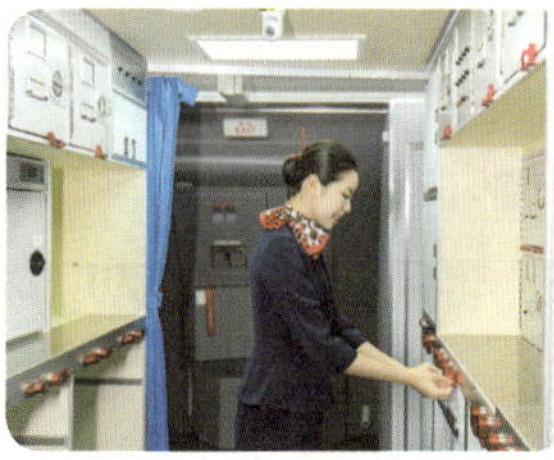

服务用具是公司的资产， 如果没有发生故障或破损可以持续使用，因此，相应的管理尤为重要。

尤其是直接在乘客面前使用的用具，其清洁度或损坏情况，有可能影响乘客的信赖度和服务好感度，因此需特别注意。

另外，服务用具由负责区域客舱乘务员共同使用，任何人使用后必须放回原处，不得已变更位置时，应使用便条或在到达目的地后与交接组面对面口头告知变更内容。

使用服务用具的总体注意事项

· 按照各座位等级，按规定使用适当的用具。

· 使用前检查清洁度及状态，如需移交下一组使用，则需清洗并妥善保管（不可将从推车里拿出的服务用具放在地上， 注意卫生管理）。

· 使用用具后放回原位以防损坏或损伤。

· 使用用具时注意不要发出噪声。

· 仅在 galley（厨房）内使用的服务用具不要在 galley（厨房）外使用，如 ice scoop（冰铲）、wine opener（开酒器）、oven gloves （烤箱

手套）等。

主要用具的使用方法及注意事项

· cart（推车）

· 保管餐食、饮料、机上用品或消耗品以及机上销售品等。

· cart（推车）的锁定环呈水平时为锁定状态，垂直时为打开状态。

· 开关 cart（推车）门时，使用 door handle（把手），注意不要产生噪声。

· 移动 cart（推车）时，首先用双手抓住 cart（推车），用一只脚踩下下端的绿色 pedal（踏板），解除锁定状态后移动，以确保安全。

· 使用后需归位，踩下 cart（推车）下端的红色 pedal（踏板），以锁定状态固定。

· 解除 cart（推车）踏板的锁定装置时，同时踩下红色和绿色的踏板，将噪声降至最低。

· 放入或取出 meal tray（餐盘）时，注意不要让托盘里的物品散乱。

· 对于饮料车，应注意不要让饮料瓶躺倒或让饮料洒出。

· 移动推车时，使用双手，稳住推车重心。

· 在客舱通道上移动推车时要告知乘客，以免撞到乘客或座位，并小心地边观察边移动。

· 在手推车内取出或放入服务用品时，注意保持正确的姿势，以免对腰部造成负担。

· 手推车发生故障时，贴上 repair tag（维修标签）贴纸，在基地移交给负责人。

· trolley（折叠手推车）

· 主要在高级舱位提供服务时使用的 cart（推车）。

· 在地面上用于摆放报纸，起飞后用于提供飞机餐或服务用品。

· 由于是折叠式手推车，在展开或折叠时注意不要夹住手指。

· 使用时将上端、中端、下端 3 处完全展开后锁定并固定。

· 停止推车时，必须使用锁定装置锁定推车后再进行服务。

· 如果不使用锁定装置，车轮容易移动，就会发生危险情况，因此服务时需时刻注意锁定装置。

· 使用过程中弄脏的推车必须擦拭干净后，以折叠状态归位，禁止将推车放置在客舱通道或紧急出口周围。

· 展开或折叠时需要两名客舱乘务员一同操作，避免产生噪声。

· 使用后准备着陆时，必须归位锁定并固定。

· **Dishware（餐具）**

· 拿盘子时， 将航空公司 logo（标志）朝着大拇指方向，便于提供服务。

· 如果带有航空公司 logo（标志），就要将 logo（标志）朝向乘客。

· 拇指内侧贴在盘子的边缘，其余 4 根手指稳稳托起盘底。

· 注意手指不要放在盘子内，避免指纹粘在盘子表面。

· 把盘子放在桌上时注意不要发出声音。

· 完成 dishware（餐具）摆放后，再次检查 logo（标志）的方向。

· **glass（杯子）类**

· 如果刻有航空公司 logo（标志），需要将 logo（标志）朝向乘客。

· 握住杯子下端 1/3 处递送，以确保杯口部分的卫生。

· wine（葡萄酒）杯和 brandy（白兰地）酒杯应握住下端的 stem（杯脚）递送。

· 不得碰到杯口边缘。

· 回收时，必须存放在杯架中并固定，小心处理以便再次使用。

· tray（托盘）

· 由于客舱通道狭窄，因此所有 tray（托盘）需纵向拿取，以保持稳定的姿势。
· 托盘不要举得太高，要始终朝向客舱通道方向，注意不要朝向乘客座椅方向。
· 接待乘客时不要让乘客看到托盘的背面。
· 在 tray（托盘）上铺好 tray mat（托盘垫），以防服务用品在托盘上打滑。
· 在使用 tray（托盘）向乘客提供服务用品之前，必须确认 tray（托盘）的清洁状态。
· 注意不要让 tray（托盘）经过乘客头顶。
· 使用过的 tray（托盘）必须保持清洁状态并归位，以确保其他乘务员的工作顺利进行。

正确拿 tray（托盘）的图例（纵向）

错误拿 tray（托盘）的图例（横向）

12 CHAPTER

GALLEY OVERVIEW

厨房概述

- galley（厨房）的构成
- galley（厨房）设备及组件的使用方法
- 不同机型 galley（厨房）的位置

一 galley（厨房）的构成

学习目标

- 了解 galley（厨房）设备的使用方法和使用注意事项。
- 通过了解 galley（厨房）设备及组成部分可为机上服务做准备。

galley(厨房)是客舱乘务员准备机上服务的空间，是飞机内设置的厨房。

在飞行过程中，厨房配置了提供给乘客的各种食品和饮品以及机上服务所需的辅助用品，还配备了 oven（烤箱）、coffee maker（咖啡机）等机上服务所需的设备和其他组成部分。

galley（厨房）的构成要素大致可分为普通设备、控制面板和储存空间。

1. 普通设备（部分）>>>

· oven（烤箱）

galley（厨房）内配备的oven（烤箱）用于加热食物，具有调节温度和时间的功能，根据不同食物设定不同的加热标准。

由于飞机餐是提前烹饪好的冷冻食品，因此遵照适当的加热时间和温度进行加热以便为乘客提供最佳的服务是最为重要的。

· refrigerator 冰箱（冷藏设备）

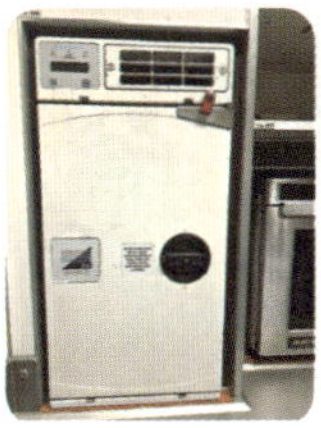

冰箱是 galley（厨房）内用于冷藏需要低温保存的饮品或食品的设备。由于空间限制，只有部分机型配备冰箱，根据服务时间和用量选择需要冷藏的饮品或食品。

· coffee maker & water boiler（咖啡机和烧水壶）

飞机上安装的 coffee maker（咖啡机）主要用于冲泡咖啡。操作时放入 coffee pack(咖啡包)后按下开关键进行 brew（冲泡）。机器底部设有保温装置可保持 coffee（咖啡）温度。

· hot cup（烧水杯）/hot jug（保温壶）

hot cup（烧水杯）/hot jug（保温壶）是galley（厨房）内安装的用电装置，插入电源后即可加热。

2.control panel（控制面板）

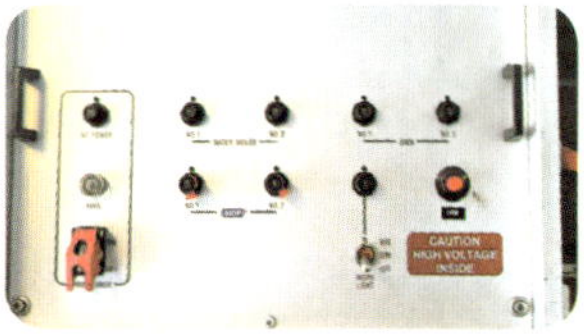

各机型galley（厨房）内部均有控制面板用于调节机内温度、照明和烤箱等各种设备。机型不同，控制面板的样式也不同。

3.storage space（储存空间）

galley（厨房）内的储存空间根据飞机机型的不同，其形态和位置也不同。在准备起飞时，必须确认各种服务物品和用具的存放空间和位置，以便在有限的飞行时间内迅速、顺利地开展工作。

· cart space（推车空间）

cart space（推车空间）是保管机内服务时使用的推车、垃圾储存推车、免税商品销售车等的空间。采用无中锁设计，可以放入两台半车（尺寸为标准推车的一半的车称为半车），确保安全地固定和存放。

· compartment（隔间）

compartment（隔间）是可以保管各种服务用品及用具等的机内附带空间，是自带门和固定装置的空间，不可移动。

· container（备份箱）

container（备份箱）是可移动的存储空间，用于存放各种服务用品和用具等。厨房内单独设置了可以装载和固定container（备份箱）的空间。

二 galley（厨房）设备及组件的使用方法

1.oven（烤箱）

· 使用方法

· 放入要加热的东西，关闭烤箱门后用锁扣锁定。

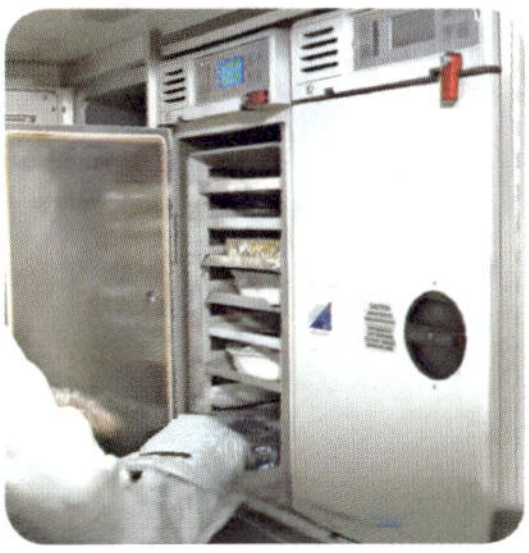

· 开启烤箱电源。

· 使用计时器设定加热时间。

· 按下开关，调节到所需的温度：low（低温）/ med（中温）/ high（高温）。

· 计时器显示 0 时会亮绿灯并发出“哔——”声。

· 关闭烤箱电源。

注意事项

· **不要放入除需加热物品之外的东西。**
· **关闭烤箱门后确认门已经完全锁定。**
· **烤箱门使用完毕后应及时关闭。**
· **必须佩戴烤箱手套以防烫伤。**
· **开关门时避免产生噪声。**

2.water boiler（烧水器）

· 使用方法

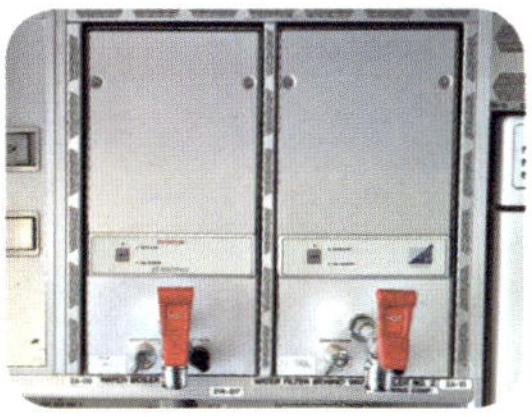

· 选择冷热水功能。

· 在按按钮之前需进行 air bleeding（放气）。

· 打开一段时间后，就会亮起绿色热水指示灯。

· 如果发生故障或者无水，会亮起无水灯。

· 客舱乘务员在下机之前需要关闭电源。

注意事项

· **开机前必须进行 air bleeding（放气）。**
· **操作或使用时要注意避免烫伤。**
· **接热水时不要离面部太近（因为烧水器位置较高，接近面部）。**

3.coffee maker（咖啡机）

· 操作方法

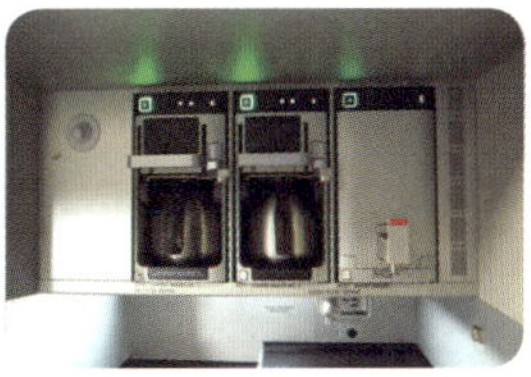

· 开启电源前必须进行 air bleeding（放气）。

· 按开关键开启电源。

· 位于最上端的 on/off 键亮起绿灯。

· 取出装咖啡包的 brew cup（冲泡杯）后放入咖啡包。

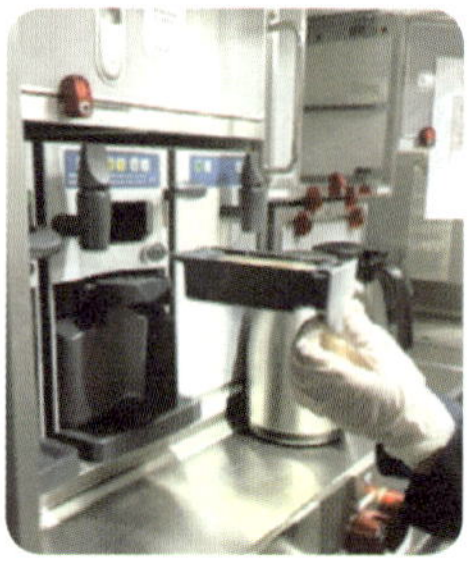

·将brew cup(冲泡杯)归位后将brew handle(冲泡手柄)固定在低位。

· 按住 brew（冲泡）键，brew（冲泡）结束后自动灭灯。

· 按下保温键，咖啡可呈保温状态。

· 咖啡壶中无剩余咖啡时必须关闭保温功能。

· 扔掉 brew cup（冲泡杯）中用过的咖啡包，保持清洁。

注意事项

· 避免烫伤。
· 确认内外部的清洁状态。
· 确认壶内部是否残留咖啡渣等。
· 不要随意减少咖啡包里的咖啡量或将咖啡包对折放入。如将咖啡包对折放入，易导致咖啡爆裂。
· 按下 brew（冲泡）按钮后，直到冲泡结束为止，中途不要关闭按钮。

4.refrigerator（冰箱）

· 使用方法

· 按电源开关开启。

· 选择冷却、冷冻模式。

· 使用门把手开关冰箱门，使用后锁好。

· 客舱乘务员在下机之前需要关闭电源。

注意事项

· 因过热导致过热灯亮起时，在关闭电源后向客舱乘务长报告。
· 冰箱里除供应的饮品、水、white wine（白葡萄酒）外，不得放其他物品。
· 开关冰箱门时注意不要产生噪声。

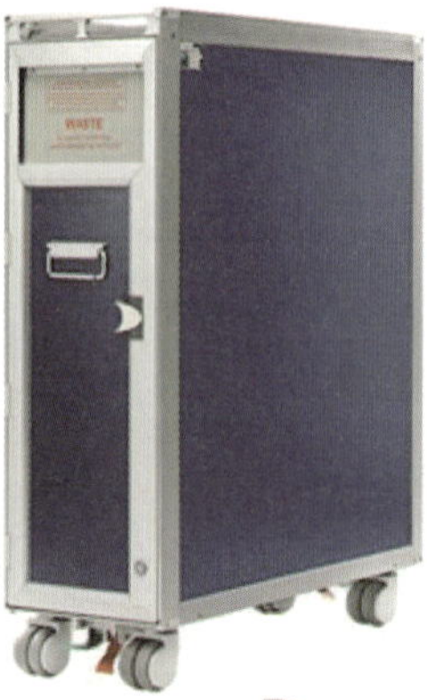

5.waste container（垃圾推车）

· 垃圾推车是存放垃圾的地方。

· 飞机的空间有限，所以在丢弃垃圾之前应尽量把体积压缩到最小。

6.cart lift（推车升降机）

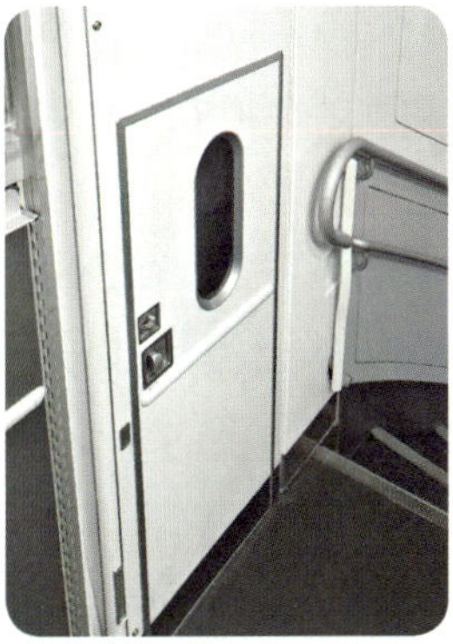

· 安装在 upper deck（双层）大型飞机上 (A380、B747 机型)。

· 使用方法

· 用于上下层搬运服务用品或用具。

· 打开 cart lift（推车升降机）门，放入餐车。

· 将推车固定好，关上 cart lift（推车升降机）门并锁上锁扣。

· 将推车运往 upper deck（上层舱）时，按 control panel（控制面板）上的上升键；将推车从上层舱返回时按下降键。

注意事项

· lift（升降机）内部需清空。
· 不得在内部一直放着报纸、矿泉水等服务用品或机上用品。
· 在 cart lift（推车升降机）内放入推车时，必须将推车固定好。
· 使用前，上下层乘务员之间必须用内话机相互沟通。

7.trash compacter（垃圾压缩机）

· 由于机上空间有限，大型飞机上配备了用于投放可压缩垃圾并减少其体积的垃圾压缩机。

· 使用方法

· 放入待丢弃的垃圾（PET 瓶、易拉罐、塑料杯、纸袋类等），随后关闭压缩机门。

· 饮品全部倒入排水口后仅将空桶放入垃圾压缩机。

· 需扭动锁扣锁好。

· 按压缩键启动。

注意事项

· 严禁放入玻璃制品，如空葡萄酒瓶，以免破碎。
· 压缩过程中可能会产生很大的噪声，所以尽量避免在乘客休息时使用。

8.air chiller compartment（空气冷却器隔间）

空气冷却器隔间是保管机上提供的餐饮的设施。将半宽度和标准推车放在 air chiller compartment（空气冷却器隔间）进行保鲜。

·使用方法

·关上 compartment（隔间）的门并锁好。

·上提 galley（厨房） circuit break panel（断路器面板）上的 toggle switch（扳动式开关）开启电源。

·如果不再需要保鲜，务必关闭电源。

·飞行结束后下机之前必须关闭电源。

⚠ 注意事项

·将加热过的 entrée setting（主菜摆放）好后，不得将餐车放入 air chiller compartment（空气冷却器隔间）里，以免摆放好的 entrée（主菜）变凉。

9.drain（排水槽）

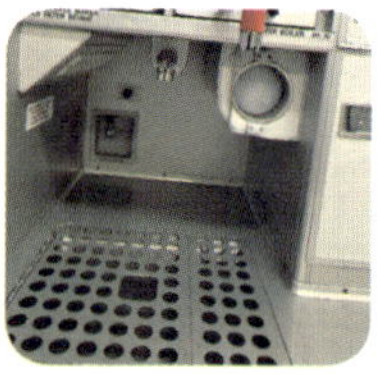

排水槽在 galley（厨房）内起到倾倒污水的作用，严禁倾倒除水以外的其他东西。飞机在机场停机时禁止向 galley drain（厨房排水槽）内倾倒污水。

三 不同机型 galley（厨房）的位置

各航空公司拥有不同的飞机机型，客舱乘务员在飞行前不仅要熟悉负责区域的 galley（厨房），还要准确掌握相关飞机的 galley（厨房）位置和结构。

A380 图示

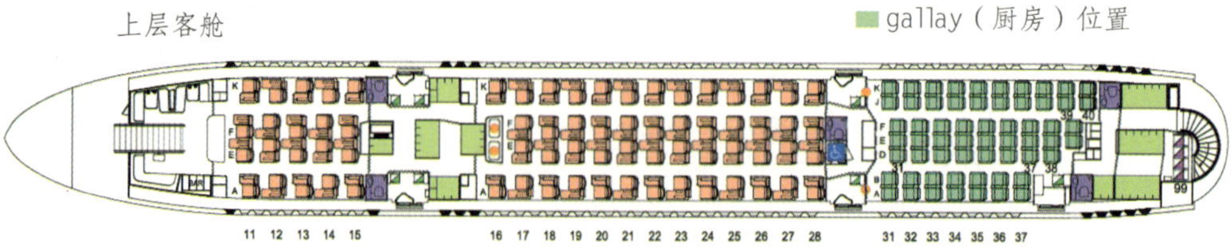

主客舱

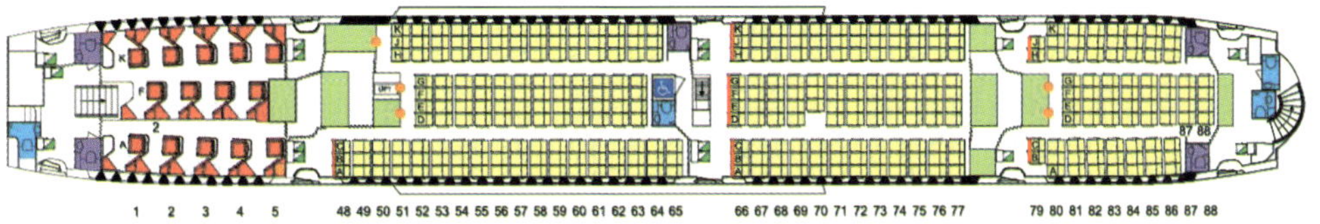

B787-900 图示

gally（厨房）位置

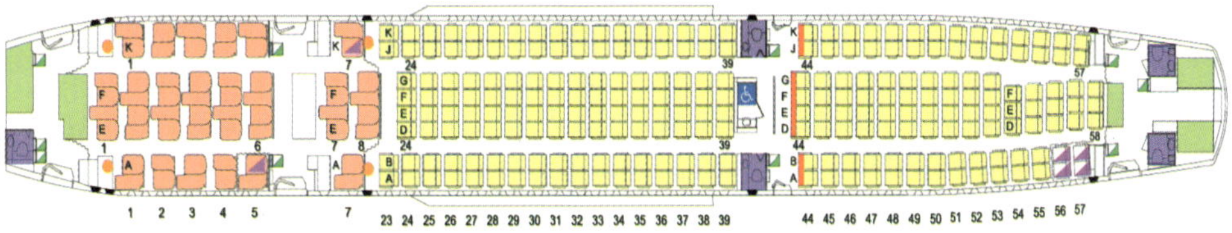

B737-800 图示

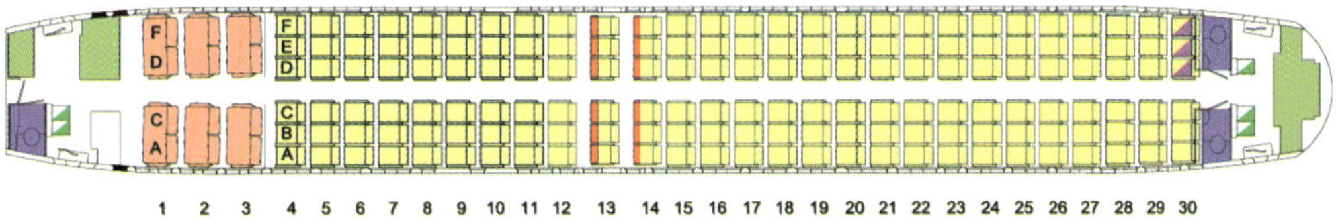

A330-200 图示

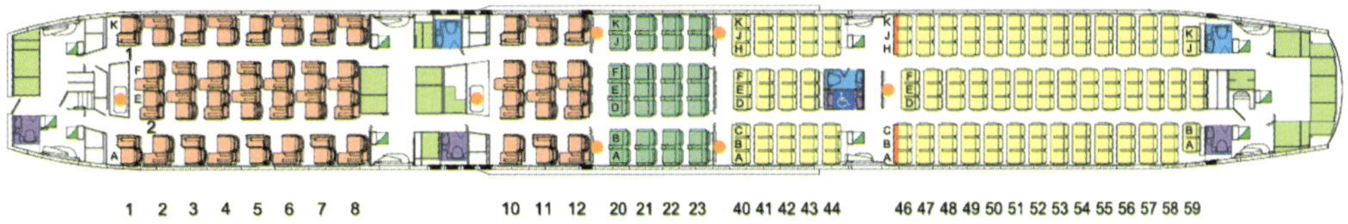

13 CHAPTER

SPECIAL PASSENGERS

特殊乘客

- 什么是特殊乘客
- 了解特殊乘客代码
- 主要特殊乘客的接待方法

一 什么是特殊乘客

学习目标

- 熟知接待特殊乘客的方法，对特殊乘客提供适当的帮助。

对于要求 special service （特殊服务）的乘客，在 SHR（乘客相关信息文件）上记载其个人资料、所需特殊服务、要求事项等相关信息，并与所有客舱乘务员共享这些信息。

二 了解特殊乘客代码

特殊乘客代码

code（代码）	full name（全称）	meaning（含义）
UM	unaccompanied minor	无成人陪伴儿童
DEAF	deaf	聋哑乘客
BLND	blind	视力障碍乘客
WCHR	wheelchair	轮椅乘客
FMLY	family	带小孩的乘客，老年乘客
VIP	very important person	贵宾
TWOV	transit without Visa	无签证过境
MEDA	medical fitness for air travel	患病乘客
CHD	child	儿童乘客
INF	infant	婴儿乘客
STCR	stretcher	担架乘客
SPML	special meal	订购特殊餐的乘客

三 主要特殊乘客的接待方法

1.UM（无成人陪伴儿童）

为独自旅行的儿童从出发机场领取登机牌到目的地机场见到监护人这一过程中提供安全旅行的服务。

· UM（无成人陪伴儿童）的年龄限制

· 通常 5 周岁到未满 12 周岁。
· 陪同的监护人未满 18 周岁时应提出申请。

· 提供服务的方法

· 登机时

· 协助提放行李并引导座位。
· 确认是否携带装有 UM（无成人陪伴儿童）入境目的地国家所需的文件和护照的随身包。

· 责任乘务员向儿童乘客做自我介绍。

· 介绍紧急出口和机上卫生间的位置及安全带、座椅靠背、呼唤铃、小桌板等机上设备的使用方法。

· 确认特殊要求的事项，如特殊餐、过敏情况等。

· 飞行过程中

· 使用恰当的称呼。

· 确认是否有不便之处。

· 提供儿童随赠品。

· 观察用餐时是否需要帮助。

· 协助填写入境材料。

· 下机时

· 优先于普通乘客下机。

· 确认所有携带物品齐全，到达目的地后与地面工作人员进行交接。

infant/child（婴儿 / 儿童）乘客

▶ infant（婴儿）: 无座位

出生满 14 天到未满 2 周岁。国内航班：成人全价票的 10%；国际 / 地区航班：成人公布运价的 10%。

▶ child（儿童）: 有座位

2 周岁到未满 12 周岁。国内航班：成人全价票的 50%；国际 / 地区航班：成人适用运价的 75%。

★但各航空公司规定存在差异

2.DEAF（聋哑乘客）

· 注意事项

· 向乘客提供帮助时，首先告知乘客已准备好提供帮助，并确认是否需要帮助。

· 务必进行眼神交流，张大口形，放慢语速。

· 用口语说明机上广播的内容，乘客无法理解时需使用文字进行沟通。

· 登机时

· 协助提放行李并引导座位。

· 责任乘务员做自我介绍。

· 介绍紧急出口和机上卫生间的位置以及安全带、座椅靠背、呼唤铃、小桌板等机上设备的使用方法。

· **飞行过程中**

· 介绍飞机餐菜单、电影播放等服务信息。
· 不提供 headphone（头戴式耳机）。
· 随时确认是否有不便之处。
· 协助填写入境材料。

· **下机时**

· 确认所有携带物品齐全，到达目的地后与地面工作人员进行交接。

3.BLND（视觉障碍乘客）

· **注意事项**

向乘客提供帮助时，先告知乘客已准备好提供帮助，并确认是否需要帮助。注意切勿在没有提示的情况下触碰乘客的胳膊或其他身体部位。

· **登机时**

· 让视觉障碍乘客直接抓住乘务员的胳膊跟随在乘务员的身后。
· 乘客拄拐杖时，乘务员应在拐杖的相反侧进行引导。
· 存放拐杖时，询问乘客的意见后存放在规定的位置。
· 协助提放行李并引导座位。
· 责任乘务员做自我介绍。
· 介绍紧急出口和机上卫生间的位置以及安全带、座椅靠背、呼唤铃、小桌板等机上设备的使用方法。
· 如需身体接触时，应接触其胳膊或肩膀。
· 为乘客存放行李时需告知存放位置。

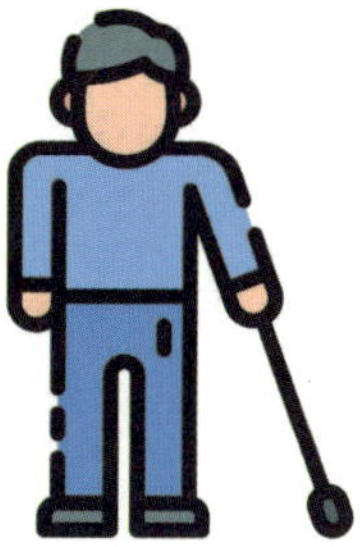

拐棍和拐杖的存放位置

· 存放在有 door（门）的 coatroom（衣帽间）内。
· 存放在乘客座椅上方的 overhead bin（舱顶行李架）内。

· **飞行过程中**

· 提供服务用品时，进行说明并引导其用手触摸。
· 对话或引起注意时，尽可能直接称呼其名，如“××× 乘客”。
· 在没有提前通知乘客的情况下，不得在小桌板上放置服务用品或物品。
· 说明餐盘上餐食的各自位置，询问乘客意见后帮助切分主菜。
· 随时确认乘客是否有不便之处。

· 协助填写入境材料。

· 下机时

· 确认所有携带物品齐全，到达目的地后与地面工作人员进行交接。

4.WCHR（轮椅乘客）

向乘客提供帮助时，先告知乘客已准备好提供帮助，并确认是否需要帮助。

· 登机时

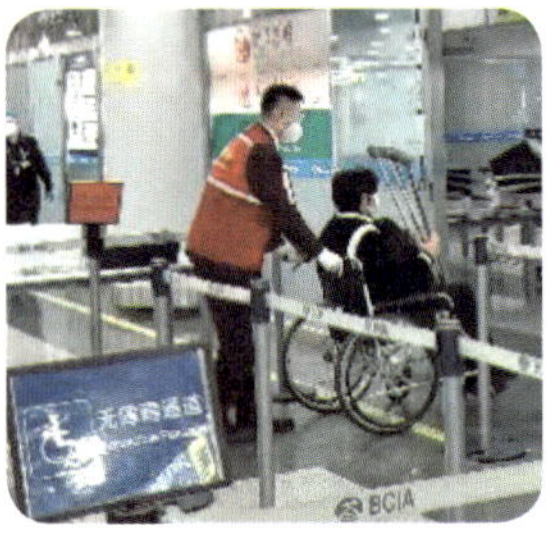

· 引导座位，需要帮助时协助提放行李。

· 询问乘客期望的搀扶方式后，协助乘客移动。

· 介绍紧急出口和机上卫生间的位置以及安全带、座椅靠背、呼唤铃、小桌板等机上设备的使用方法。

· 飞行过程中

· 随时确认是否有不便之处。

· 在飞机上移动时，告知可以使用 on board wheelchair（机上轮椅）。

· 去卫生间时，使用 on board wheelchair（机上轮椅）协助。

· 着陆后，乘客需在座位上等待，直至乘务员引导下机。

· 下机时

· 客舱乘务员首先需向乘客询问意见，然后帮助推轮椅。

· 需要帮助时协助提行李。

· 工作人员在货舱提前收到的乘客个人轮椅或航空公司提供的轮椅无法通过客舱通道时，需利用 on board wheelchair（机上轮椅）或由地面工作人员和客舱乘务员一起将乘客搀扶到舱门外。

wheelchair service code（轮椅服务代码）

code（代码）	full name（全称）	meaning（含义）
WCHR	wheelchair -R for ramp（机下轮椅）	用于可以独自上下楼梯或移步至客舱座位，但乘坐飞机和下机进行长距离走动时需要轮椅的乘客
WCHS	wheelchair -S for steps（登机轮椅）	用于不能独自上下楼梯，但可以移步至客舱座位，乘坐飞机和下机而进行长距离走动时和上下楼梯时需要轮椅的乘客
WCHC	wheelchair -C for cabin（机上轮椅）	用于完全不能独自走动，在乘坐飞机和下机进行长距离走动时以及上下楼梯、前往客舱座位时都需要帮助的乘客
WCOB	机上专用窄型轮椅	可通过机上通道的残疾人使用的 on board wheelchair（机上轮椅）

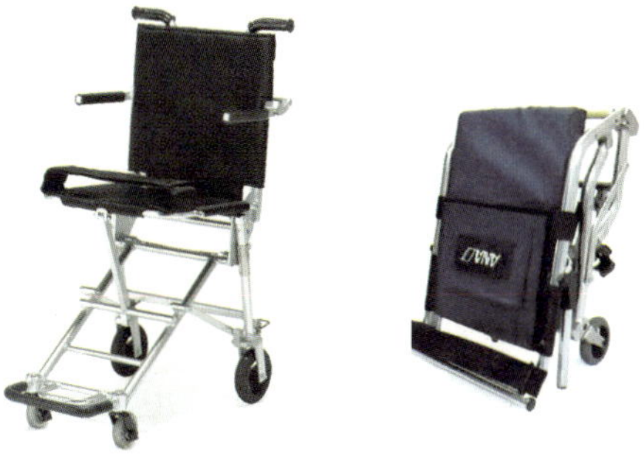

on board wheelchair（机上轮椅）

无篮无盖的折叠婴儿车

折叠后规格在 100 厘米 × 20 厘米 ×20 厘米以内的婴儿车

5. 带小孩的乘客

· 带 2 名以上未满 7 周岁幼儿、儿童的 1 名乘客。

· 国际航线规定出生 14 天以上、国内航线规定出生 7 天以上的婴儿可以一同乘坐。

· 婴儿车尽量由监护人折叠，并保管在指定的位置。

· 可携带登机的婴儿车：

· 无篮无盖的折叠婴儿车；

· 折叠后规格在 100 厘米 ×20 厘米 ×20 厘米以内的婴儿车。

登机时

· 协助提放行李并引导座位。

· 责任乘务员做自我介绍。

· 介绍紧急出口和机上卫生间的位置以及安全带、座椅靠背、呼唤铃、小桌板等机上设备的使用方法。

· 起飞后确认是否使用 baby bassinet(婴儿摇篮)。

飞行过程中

· 安装 baby bassinet（婴儿摇篮），在里面铺上毛毯，垫上枕头。

· 提供大号垃圾袋。

· 确认是否需提供幼儿餐。

· 引导监护人在发生 turbulence（颠簸）时抱住婴儿。

· 监护人用餐时提供帮助，随时确认是否有不便之处。

· 协助填写入境材料。

· 乘客更换尿布时，一同前往卫生间，帮忙展开换尿布台，使用后将换尿布台整理好归位。

着陆前

· 卸下 baby bassinet（婴儿摇篮），需归位。

· **下机时**

· 确认随身物品齐全，协助提拿行李。

· 协助使用婴儿车。

baby bassinet（婴儿摇篮）

· 提供的航线：国际航线全线，需提前预约。
· 对象：婴儿。
· 身高、体重因机型而异。
· 身高为 71~76 厘米的婴儿。
· 体重为 10~14 千克的幼儿。

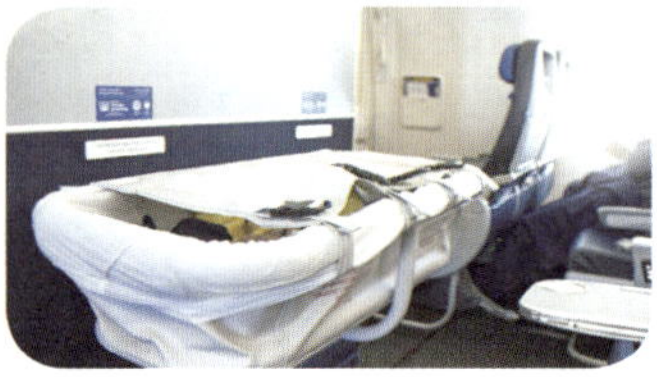

6. 老年乘客

老年乘客指没有监护人陪同，独自乘机的 70 岁以上的乘客。

· **登机时**

· 引导座位，需要帮助时协助提行李。

· 介绍紧急出口和机上卫生间的位置以及安全带、座椅靠背、呼唤铃、小桌板等机上设备的使用方法。

· **飞行过程中**

· 详细说明飞机餐内容，尽可能在就餐时提供帮助。

· 随时确认是否有不便之处。

· 确认是否携带药品，服用时予以协助。

· 协助填写入境材料。

· 对老年乘客要积极进行照顾，但对其周围乘客也要给予关照，以免其他乘客感到被冷落。

· **下机时**

· 下机时不要着急，慢慢协助整理行李和移动。

· 如需帮助，协助提拿行李并与地面工作人员进行交接。

7. 订购 special meal（特殊餐）的乘客

· **飞行过程中**

· 确认记载在 SHR（乘客相关信息）资料上的乘客信息和订购的餐食。

· 乘客登机后，各区域负责 galley（厨房）的乘务员参考

SHR（乘客相关信息）确认乘客的订购内容、姓名及座位。

· 在普通乘客的餐饮服务开始之前先行提供。

· 此时可将饮品一并提供。

· 由于特殊餐没有余份，因此需与乘客进行确认后再提供，以免错供。

· 如果因系统错误而遗漏了 special meal（特殊餐），需向乘客郑重道歉并向客舱乘务长报告，在各等级舱位确认可替代的餐食，最大限度地准备并提供与该乘客订购的 special meal（特殊餐）类似的餐食。之后要持续关注，随时确认乘客是否有不便之处。

8. 孕妇乘客

每个航空公司对孕妇乘客的乘机规定不同，具体要求需以乘机当日航空公司政策为准。孕妇乘客需提供医疗证明，证明其身体状况适合乘机，该医疗证明需由医生在乘机前 1 周内签发。

怀孕期间	可乘机条件
怀孕不满 32 周	· 如果没有医生书面劝告禁止航空旅行，就可以登机 · 有妊娠高血压、糖尿病等并发症时，在办理登机手续时应提交医生诊断书及健康状况承诺书
怀孕 32~36 周	· 登机时需要提交承诺书、医生意见等证明材料
怀孕超过 37 周、多胎超过 33 周	· 不可乘机

· 登机时

· 引导座位，需要帮助时协助提放行李。

· 机上备有靠垫时，提供靠垫支撑腰部。

· 介绍紧急出口和机上卫生间的位置以及安全带、座椅靠背、呼唤铃、小桌板等机上设备的使用方法。

· 安全带可以系在腹部下方。

· 确认特殊要求事项，如特殊餐、过敏情况等。

· 飞行过程中

· 随时确认是否有不便之处。

· 观察就餐时是否需要帮助。

· 协助填写入境材料。

· 下机时

· 优先于普通乘客下机。

· 确认所有携带物品齐全，到达目的地后与地面工作人员进行交接。

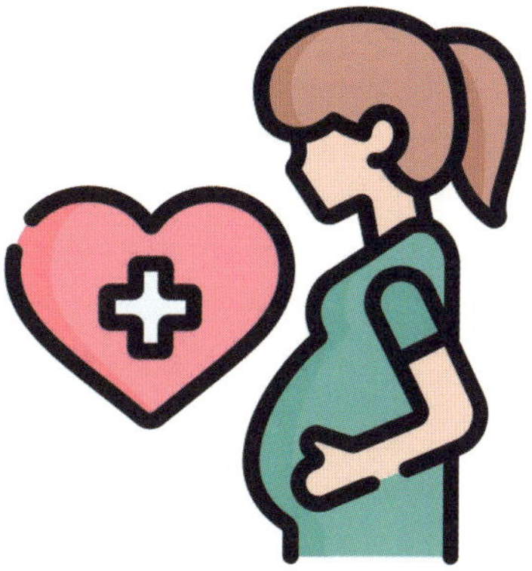

9.VIP（贵宾）乘客

· **登机时**

· 引导座位，如需帮助， 协助保管行李。

· 如有随行人员，行李由随行人员亲自保管。

· 若机型配备衣帽间，询问是否需要保管外套。

· 在介绍责任乘务员的同时，向乘客表示感谢。

· 可进行简短而轻松的对话，如飞行时间、到达时间和天气等，但应避免涉及社会、政治话题。

· 报纸分门别类备供。

· **飞行过程中**

· 随时确认是否有不便之处。

· 提供餐饮服务时，在同排乘客中优先提供。

· 应对其周围乘客给予适当关照，以免其他乘客感到被冷落。

· 各航空公司规定不同，但都会记录 VIP（贵宾）乘客乘机时喜爱的餐食或饮品，并建立相关系统供客舱乘务员在飞行前查阅。因此在飞行前，相关航班的乘务员应提前阅览并做好记录， 以便在提供服务时加以运用。例如，记录 VIP（贵宾）喜爱的酒类、饮品，喜欢中餐还是西餐，喜欢的咖啡种类，等等。

· **着陆前**

· 归还代为保管的外套。

· 再次表达感谢，并询问是否有其他需求。

· 不得在乘客返航或滞留期间确认其日程并询问近况。

· **下机时**

· 积极协助整理行李。

· 优先于普通乘客下机。

· 飞机舱门打开后，向提供机场协助服务的工作人员交接 VIP（贵宾）乘客。

14 CHAPTER

DOMESTIC FLIGHT SERVICE PROCEDURES

国内航线服务工作流程

飞行前的工作流程

乘客登机前的工作流程

乘客登机过程中的工作流程

起飞前的工作流程

飞行过程中的工作流程

着陆后的工作流程

一 飞行前的工作流程

学习目标

- 了解国内航线工作流程和服务标准。
- 可以提高国内航线飞行工作的效率，更准确地进行服务。

飞行前的工作流程

- preparation before flight(飞行前准备)
- pre-flight cabin crew briefing(航前准备会)
- crew coordination briefing(机组协同会)
- 客舱乘务员前往机场

1. 飞行前准备 >>>

客舱乘务员到公司 show-up sign（上班打卡）后，必须确认是否携带飞行所需的必备品。

Tips

· ID card（员工卡）、乘务员登记证、护照。
· COM（客舱工作手册）、机上广播手册、围裙、记事本、圆珠笔、客舱平底鞋及其他个人必需品。

2.pre-flight cabin crew briefing（航前准备会）>>>

· 负责人 ▶ 由相应航班乘务长负责组织。

· 确认名单 ▶ 掌握客舱乘务员的姓名和人数。

· 飞行准备事项 ▶ 确认必需品。

· 确认相应航班机型的安全及安保事项。

· 确认飞行信息 ▶ 确认相应航班的目的地信息，出发、到达站时间以及天气情况。

· duty assignment（任务分配）▶ 确认乘客预约情况，分配需承担的 duty（任务）。

· 确认客舱服务信息 ▶ 再次确认各等级舱的服务流程，以及特殊乘客等信息。

· 检查业务知识 ▶ 熟知近期工作通知。

· 客舱乘务长传达的事项 ▶ 根据相应航班飞行特点，重点强调或传达的注意事项。

3.crew coordination briefing（机组协同会）>>>

· 负责人 ▶ 由相应航班的机长负责组织。

· 确认名单 ▶ 确认客舱乘务员、航运乘务员是否全员参加。

· 传达飞行信息 ▶ 飞行时间、高度、航线、目的地气象、飞行中气流、货物搭载情况等。

· 共享乘客预约情况 ▶ 确认 VIP（贵宾）、特殊乘客、extra crew（因公加机组人员）搭乘情况。

· 确认安全及安保事项 ▶ 确认安全及安保流程、驾驶室出入流程，发生 turbulence（颠簸）时确认信号体系、紧急流程，起降时确认驾驶室联络标准流程。

4. 客舱乘务员前往机场

所有会议结束后，机组人员将前往国内航线办公楼，完成安检后便可乘坐飞机。

二 乘客登机前的工作流程

客舱乘务员在各 duty(任务)负责区域完成以下事项后，向客舱乘务长报告有无异常，必要时采取相应措施。

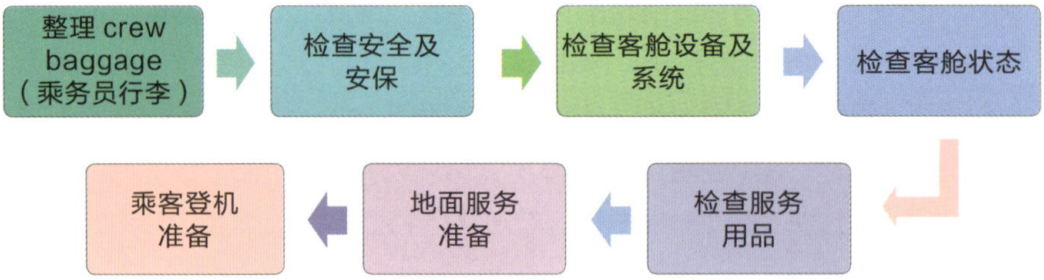

1. 整理 crew baggage（乘务员行李）

对于客舱乘务员的随身行李，一般由公司提供 1 个符合客舱携带标准的行李箱和 1 个可以存放衣服的手提包，也有一些航空公司向女乘务员提供手提包样式的飞行包。

国内航线大部分是小机型，考虑到空间及安保等因素，会将行李优先存放在各自负责工作区域最后排座位后面的下方；如果空间不足，则存放在舱顶行李架或衣帽间里。

客舱乘务员携带物品的存放场所

- 各工作区域最后排乘客座椅下面。
- overhead bin（舱顶行李架）。
- 有门的 coat room（衣帽间）。

2. 检查安全及安保

· 应急保安设备。
· 紧急撤离及水上迫降设备。
· 灭火设备。
· 急救设备。

3. 检查客舱设备及系统

· 客舱乘务员专用 panel（面板）内系统。
· 客舱乘务员专用内话机与通舱广播系统状态。
· galley（厨房）设备。
· lavatory（卫生间）设备。
· 乘客的娱乐设施系统。
· 机上娱乐系统屏幕启动情况。

4. 检查客舱状态

· 乘客座椅周围安全带、小桌板、头枕套。
· 乘客椅背置物袋中物品的准备状态（安全卡、呕吐袋、机上杂志、收费及免税商品手册等）。
· aisle(通道)。
· lavatory(卫生间)。
· galley(厨房)。
· crew rest area（乘务员休息区域）。

5. 检查 service items（服务用品）

· 检查 compartment（隔间）内配备的服务用品和用具。
· 检查推车内配备的服务用品和用具。
· 检查餐食数量及状态。

6. 地面服务准备

· 报纸和杂志服务

· 确认是否按类别存放了报纸和杂志。
· 在连接廊桥的登机口处提供服务时，会在廊桥上使用服务推车。报纸按种类摆放，确保乘客能清晰看到报纸和杂志名称，以便乘客直接拿取。

· 在连接 step car（客梯车）的登机口处提供服务时，使用 half serving cart（半车）或在各 galley（厨房）搁板上按种类适量摆放，需使乘客能直接看到报纸和杂志名称。

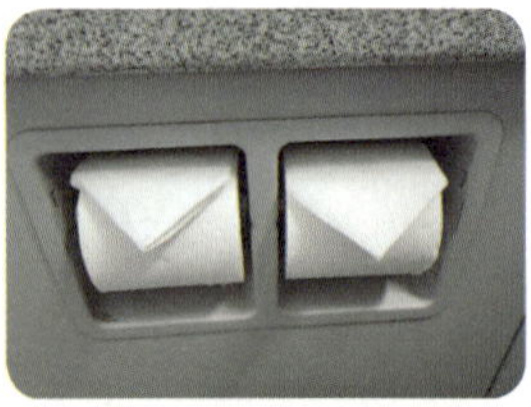

· 卫生间服务

· 在卫生间里摆放供乘客使用的物品（乳液、牙刷、牙膏、一次性剃须刀、一次性漱口水、梳子等）。

· 卷筒卫生纸的末端折叠成三角形，方便乘客使用。

· 飞行过程中需随时检查卫生间，补充备品。

7. 乘客登机准备

乘客开始登机前，客舱乘务长向机长报告客舱准备完毕后，向地面工作人员传达登机许可。客舱乘务长通过机上广播指示客舱乘务员在各负责区域进行待命。

客舱乘务员重新检查仪容仪表后，打开舱顶行李架并在各任务分配负责区域和飞机舱门位置待命。

客舱乘务员在客舱待命时需叉手站在乘客座位内侧，确保乘客在通道走动时无不适感，问候时注意不要触碰乘客座椅的头枕部分。 另外，因为是与乘客第一次见面的重要瞬间，所以要以亲切的表情热情迎接，在存放行李或介绍座位时，要特别注意表达方式。

三 乘客登机过程中的工作流程

1. 欢迎问候及确认登机牌

在乘客登机的舱门前，客舱乘务长和负责欢迎问候的客舱乘务员以亲切的表情迎接乘客，进行欢迎问候。

客舱乘务员双手接过登机牌仔细确认乘客登机牌的航班、日期、座位后，要引导方向，尤其需更加积极地引导老弱者、儿童、带小孩乘客、患者等需要帮助的乘客。介绍座位方向时，注意手掌张开，五指并拢。

2. 引导乘客存放手提行李 >>>

客舱乘务员应当积极配合乘客将手提行李存放在安全、恰当的位置，发现手提行李超标时，应向乘客表达歉意，向客舱乘务长报告，再移交地面工作人员采取措施按托运行李处理。这时，要对乘客进行详细的行李规定说明，并积极寻求协助。

乘客手提行李存放场所

- 舱顶行李架。
- 乘客前方座椅下方。
- 有门的衣帽间。
- 各区域最后一排乘客座椅下方。（※ 但需注意，该区域仅适用于在座椅下方前侧和通道侧安装固定装置的情况）

3. 地面服务 >>>

已登机的乘客达到 80%~90% 后，若舱门关闭之前时间充裕，客舱乘务员可以手持剩余报纸，在通道内展示，为有需要的乘客提供服务。

同时，及时、准确地回应乘客的要求或咨询事项。

4.door close（关闭舱门）>>>

客舱乘务长从地面工作人员手中接收飞机 ship pouch （出港文件），确认以下情况后，向机长报告“关闭客舱舱门准备完毕”。

- 确认乘务员及乘客人数（卫生间内是否有乘客）。
- 确认所有手提行李的存放及固定状态。
- 确认所有舱顶行李架的关闭情况。
- 确认是否有地面工作人员滞留在机上。
- 确认是否配备了二次增加的服务物品。

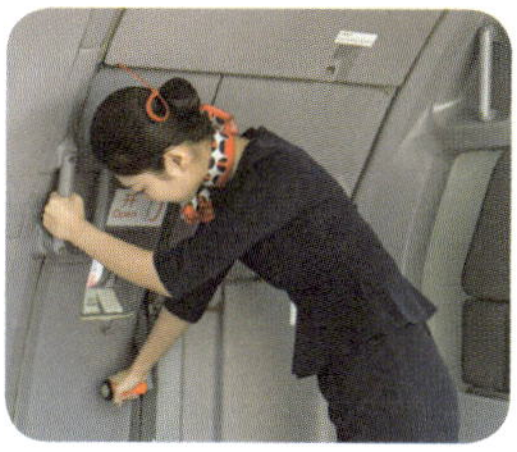

四 起飞前的工作流程

door slide mode armed check（检查滑梯模式预位）→ push back（飞机推出）准备完毕报告 → welcome（欢迎）词 → 进行 safety demo（安全演示）和播放录像 → 起飞前的安全工作

1.door slide mode armed check（检查滑梯模式预位）

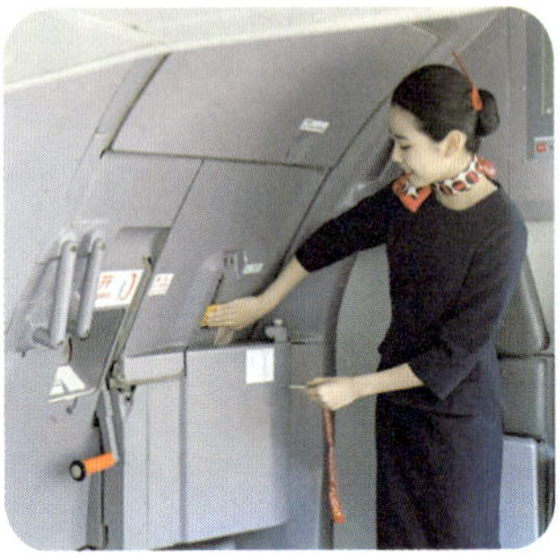

客舱乘务员应配合客舱乘务长的广播，按照工作规范中的规定和流程进行安全检查。

客舱乘务长在廊桥或客梯车从飞机分离时使用广播指示负责各舱门的客舱乘务员，将飞机滑梯模式从正常位置切换为预位。滑梯模式的切换方法因机型而异，因此飞行前必须熟知该机型的舱门结构。

注：部分航空公司用 safty check（安全检查）表达检查滑梯模式预位。

2.push back（飞机推出）准备完毕报告

客舱乘务长再次确认以下客舱准备事项后，向机长报告“push back（飞机推出）准备完毕”。

客舱准备事项

· 确认是否进行了滑梯模式切换。
· 确认乘客入座及安全带佩戴情况。
· 确认座椅靠背、个人用机上娱乐系统屏幕、小桌板、脚踏板、扶手是否恢复原位。
· 确认厨房内所有服务餐车是否归位及锁定情况。
· 确认手提行李已妥善存放及舱顶行李架的关闭情况。
· 确认紧急出口座位的入座情况。
· 禁止进行除安全工作以外的其他服务工作。

3.welcome（欢迎）词

欢迎词由负责广播的客舱乘务员播报，除负责广播的乘务员外，所有客舱乘务员都在负责区前方待命，配合 welcome（欢迎）词的首句向乘客行 30 度鞠躬礼。

4. 进行 safety demonstration（安全演示）和播放录像

根据飞机机型，没有显示屏设备的，由客舱乘务员亲自进行安全演示；安装显示屏的，由客舱乘务长将客舱照明调为昏暗后播放安全演示录像。

由客舱乘务员亲自演示时，客舱照明要调整为最亮，在各自指定的紧急出口座位周围，根据广播内容，以准确、适度的动作进行演示，使乘客容易理解。

5. 起飞前的安全工作

播放安全录像或安全演示示范全部结束后，全体客舱乘务员在起飞前完成最终安全检查工作后，坐在各自的 jump seat（乘务员座椅）上，系好安全带和 shoulder harness（肩带）。

另外，要密切关注客舱前方，以免发生安全事故。客舱乘务长在检查客舱的整体安全情况后，向机长报告客舱起飞准备完毕。

如果机长发出 3 次通知起飞的信号，即 seat belt sign(安全带指示灯)，客舱乘务长就会进行起飞广播，所有客舱乘务员都要在脑海中回顾发生紧急情况时客舱乘务员必须采取的一系列行动程序，即实施“30 -second review（静默 30 秒）”。

起飞前的最终确认事项

- 确认乘客入座及安全带佩戴情况。
- 确认座椅靠背、个人用显示屏、小桌板、脚踏板、扶手是否调回原位。
- 确认厨房内所有服务推车和隔间是否归位及锁定情况。
- 确认所有手提行李是否已妥善存放及其固定状态。
- 确认限制使用的电子设备。
- 确认舱门和通道周围的清理情况。
- 确认卫生间内是否有乘客。
- 确认厨房门帘的固定情况。
- 确认舱顶行李架的关闭情况。
- 确认驾驶舱门的关闭情况。

五 飞行过程中的工作流程

飞机起飞后达到巡航高度时，座椅安全带指示灯就会熄灭，客舱乘务员开始实施飞行过程中的工作流程。

国内航线客舱服务流程根据航空公司、航线、飞行时间、座位等级不同而有所不同，客舱乘务员在飞行前必须熟知服务流程和内容。

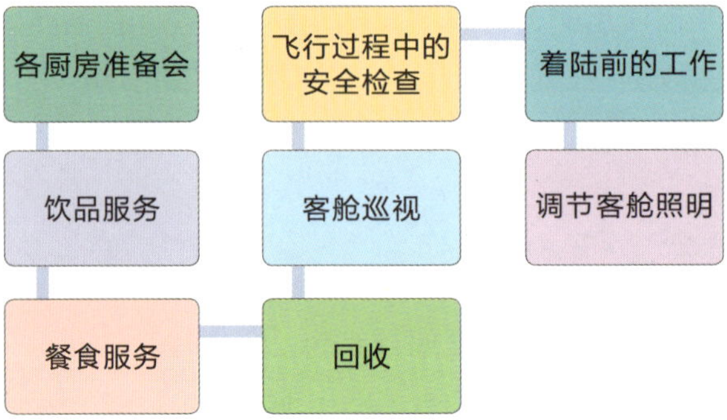

1.galley briefing（各厨房准备会）

提供餐饮服务时，客舱女乘务员需戴上围裙，男乘务员需穿上服务制服；由各厨房资深乘务员负责讲解服务方法及特殊事项，以便有效、顺畅地进行服务。

galley briefing（各厨房准备会）内容

· 各自负责区域的乘客人数信息及特殊事项。
· 搭载的飞机餐、食品、饮品及数量。
· special meal（特殊餐）乘客的信息。
· VIP（贵宾）、商用乘客座位信息。
· 提供服务的方法及注意事项。

2. 饮品服务

服务方法因机型、路线、座位等级而异，因此需按照规定的服务流程进行。

· 准备饮品

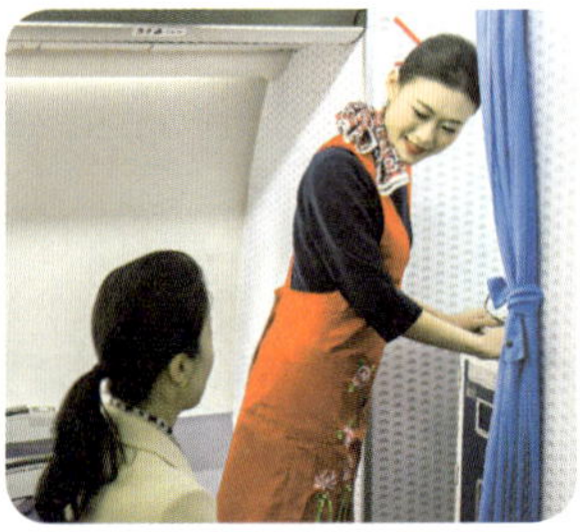

· 在厨房中，使用透明 drawer（放饮品或服务用品的抽屉）将饮品摆放在饮品推车的顶部。

· 客舱乘务员可两人一组，或安排一名乘务员，先拉开厨房门帘，再将饮品推车拉出。

· 进入客舱后系好厨房门帘。

· 客舱乘务员在经过通道时应小声而恭敬地说“餐车经过，请注意（小心）！”同时将饮品推车推到乘客面前，要避免碰到乘客的身体部位（肩膀、胳膊、腿、脚）。

· 所有推车的停放位置，以面向乘客的乘务员位置为准，应处于与乘客座位扶手平行之处。

· 准备发送饮品

· 将饮品推车停放在与乘客座位扶手成直线的位置，用脚安静地踩下红色按钮进行锁定。

· 面向乘客转身 45 度后，弯腰 15 度，手部呈叉手姿势，用亲切和蔼的声音服务乘客。

· 如果是两人一组，在后面推车的乘务员也必须转身正面接待乘客。

· 轻声和蔼地说“打扰一下”引起乘客注意。

· 避免用手直接触碰饮品，按照从外侧前端开始，到内侧前端的顺序进行介绍。先介绍冷饮，再介绍热饮。

“我们为您准备了饮品，今天的饮品有橙汁、果汁、可乐、雪碧、矿泉水、咖啡和茶。”

· 递送饮品

· 叉手姿势，询问乘客需要哪种饮品。

· 以客舱乘务员为标准，按照从右侧靠窗座位到通道侧乘客的顺序进行饮品服务。

“请问您需要喝点什么？”

· 再次确认乘客点的饮品。

“好的，您要的 xxx 马上为您准备。”

· 首先向乘客询问是否使用小桌板。

“您需要用小桌板吗？”

· 禁止在未征求意见的情况下就帮乘客打开小桌板。

· 乘客同意后协助乘客打开小桌板。

“好的，我帮您打开小桌板。”

· 冷饮服务

· 饮品递送到乘客手中时，需一同提供餐巾纸，所有物品的标志都要面向乘客。

· 餐巾纸应以菱形样式放在乘客小桌板右侧，杯子放在餐巾纸上中间靠右位置，标志应面向乘客。

· 提供饮品时，用一只手支撑另一只手。

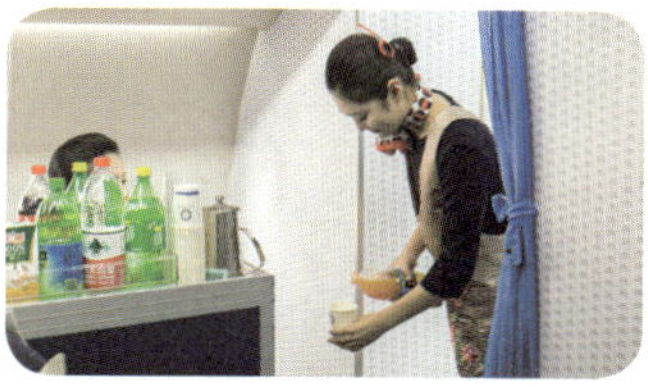

· 热饮服务

· 提供咖啡时，先打开小桌板，将餐巾纸以菱形样式放在乘客的右侧，询问乘客是否需要咖啡伴侣，乘客需要时先将咖啡伴侣放在餐巾纸上靠左的位置；然后

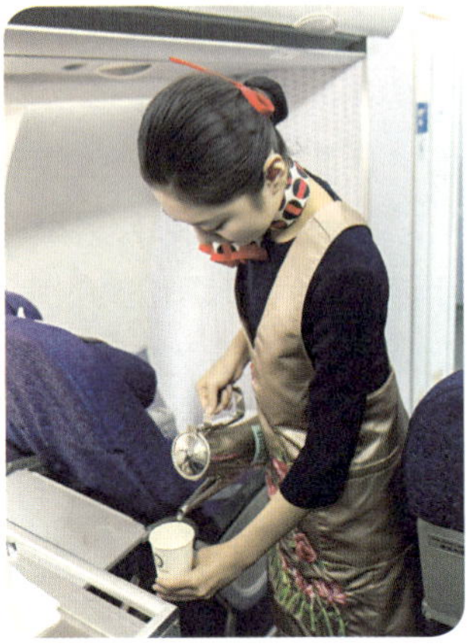

在杯子里插入搅拌棒，放在餐巾纸中间靠右侧的位置。

· 如果不需要咖啡伴侣，将倒好饮品的杯子放在餐巾纸的右侧。

· 将标志面向乘客摆放。

· 提供茶时，先打开小桌板，将餐巾纸以菱形样式放在乘客的右侧，将杯子放在餐巾纸中间靠右位置，标志应面向乘客。

· 提供热饮时要提醒“小心烫，请慢用！”

· **提供饮品**

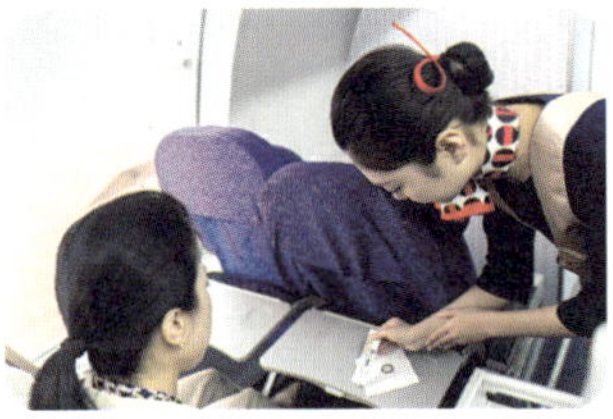

· 在递送乘客所需的饮品时，客舱乘务员的身体侵入乘客的空间时需先说声“打扰一下”。

· 在递送饮品的同时需告知乘客点的饮品名称，如“这是您要的 xxx，请慢用！”

· 提供饮品后，询问乘客是否有其他需要，并告知“如果您还需要其他帮助请随时叫我！”“祝您旅途愉快！”

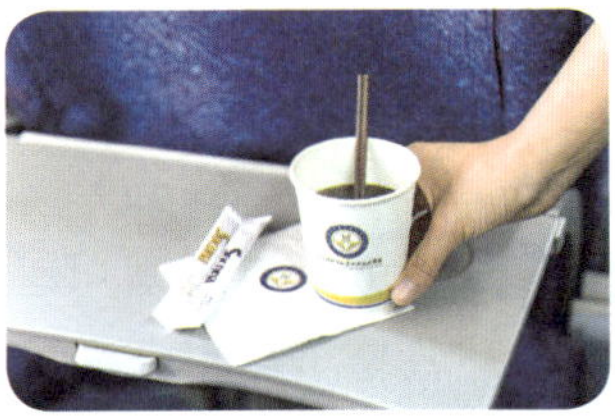

· 如果两名客舱乘务员分别从前侧和后侧开始服务，则需同时进行服务，直到彼此相遇。

· 为方便正在睡觉的乘客醒来后获得饮品服务，把 service note card（服务便签）贴在正在睡觉的乘客椅背前侧。在飞机开始下降前要随时检查乘客是否醒来，确认意向后摘掉便签。

3. 餐食服务

· 检查热食（飞机餐）的温度是否符合服务标准。

· 优先为预定特殊餐的乘客提供餐食。

· 在提供飞机餐前，经乘客同意后为其打开小桌板或请里侧的乘客自行打开小桌板。

· 如果乘客的小桌板上有其正在使用的物品，请乘客将物品存放在其他地方，然后提供餐食。

· 向乘客递送餐盘时需说：“小心烫，祝您用餐愉快！”

· 为正在休息的乘客贴上免打扰卡，做好记录并妥善存放餐食，确保在乘客需要时适时提供服务。

· 为特殊乘客提供更多的关心和支持。

· 严禁对加热之后已变凉的餐食进行再次加热并提供给乘客。

meal tray（餐盘）

4. 回收

· 回收时，每个区域按发放时的顺序进行回收。例如，在为 1 到 10 排的乘客提供餐食时，如果是从第 1 排开始发放的，那回收时也要从第 1 排开始回收。在有乘客提出要求时可先进行回收。

· 回收时确认乘客的满意度，在查看是否已回收后再进行回收。

· 回收时与供餐顺序相反，需从离乘务员较近的一侧（如靠通道座位乘客）进行回收。

· 回收时注意不要将三四个餐盘叠起来一同回收。

· 用托盘而不是服务车回收时，将回收物品从离客舱乘务员最近处开始摆放。

· 回收时注意手持杯子的位置，需手持杯子的底部而不是杯口。

· 回收的同时查看乘客小桌板的清洁情况。

· 要慢慢移动饮品推车，以免疏忽续杯服务。

5.walk around（客舱巡视）

客舱乘务长、客舱乘务员应进行客舱巡视，将客舱内温度调节到适当温度；回收乘客椅背置物袋里、小桌板和通道上的垃圾，并整理卫生间的卫生，保持客舱环境清洁舒适。

6. 飞行过程中的安全检查

飞行过程中的安全检查涵盖紧急出口周边、卫生间火灾隐患、厨房内设施状态、滋事乘客行为、急救患者情况等威胁乘客安全的情况。

7. 着陆前的工作

从机长发出 approaching signal（接近着陆信号），即 seat belt sign（安全带指示灯）闪烁 3 次后处于“ON”（开启、常亮）状态时，广播负责人将进行 approaching（接近着陆）的广播。

着陆前，客舱乘务员应将机上使用的服务用具回收后存放在原位，然后用锁定装置固定，并按照以下内容执行着陆准备的最终检查工作。

全体客舱乘务员在着陆前完成最终安全检查工作后，应坐在jump seat(乘务员座椅)上，系紧安全带和 shoulder harness (肩带)，密切关注客舱前方，以免发生安全事故。

另外，客舱乘务长对整个客舱进行最终检查后，坐在 jump seat (乘务员座椅) 上，将客舱照明调整为昏暗。如果机长发出一次告知着陆的信号，即 seat belt sign (安全带指示灯)，负责广播的乘务员将进行着陆广播，所有客舱乘务员都将实施“30-second review (静默 30 秒) ”。

- 确认乘客入座及安全带佩戴情况。
- 确认座椅靠背、座椅前方显示器、小桌板、脚踏板、扶手是否调回原位。
- 确认厨房内所有服务推车和隔间是否归位及其锁定情况。
- 确认所有手提行李是否已妥善存放及其固定状态。
- 确认紧急出口位置座位的入座情况。
- 确认舱门和通道周围的清理情况。
- 确认卫生间里是否有乘客。
- 确认舱顶行李架的关闭情况及厨房门帘的固定情况。
- 确认驾驶舱门的关闭情况。
- 确认限制使用的电子设备状态及是否遵守飞行重要阶段中 sterile cockpit(驾驶舱静默) 的相关规定。

8. 调节客舱照明 >>>

客舱乘务长确认安全着陆的所有准备状态，并根据外部亮度将客舱照明调整为昏暗状态。

起降时客舱内照明要保持比外部亮度稍暗的状态，这样在应对紧急着陆情况时，撤离通道的标识或紧急出口指示灯会显得更加突出，乘客会很容易找到紧急出口。另外，在黑暗的外部情况下，有助于确保撤离时的视野。

六 着陆后的工作流程

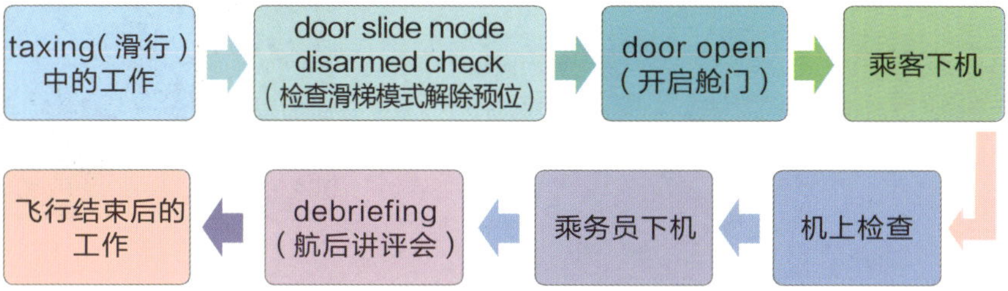

1.taxing（滑行）中的工作（飞机在跑道上滑行过程中的工作）

· 负责广播的乘务员进行欢送广播。

· 在安全带指示灯熄灭前，需引导所有乘客在座位上等待。

· 不执行安全任务的客舱乘务员应坐在 jump seat（乘务员座椅）上。

· 客舱乘务长在 taxing（滑行）中通过广播引导乘客入座。

2.door slide mode disarmed check（检查滑梯模式解除预位）

· 飞机到达停机坪后完全停稳，客舱乘务员根据客舱乘务长的广播指示，按照工作规范中定义的流程实施 “escape slide mode(应急滑梯模式)” 切换程序。

· 客舱乘务员将各自负责的紧急出口 “slidemode(滑梯模式)” 从 armed position(预位)切换为 disarmed position(解除预位)，发送乘务员相互约定的信号，并进行交叉检查。

3.door open（开启舱门）

· 飞机在停机坪停稳后，客舱乘务长通过 PA（通舱广播）进行切换滑梯模式广播。

· 客舱乘务员将各滑梯模式切换为解除预位模式。

· 客舱乘务长将客舱照明调至最亮。

开启舱门前客舱乘务长确认以下事项后，与地面工作人员交换信号，并开启舱门。

door open（开启舱门）前的检查事项

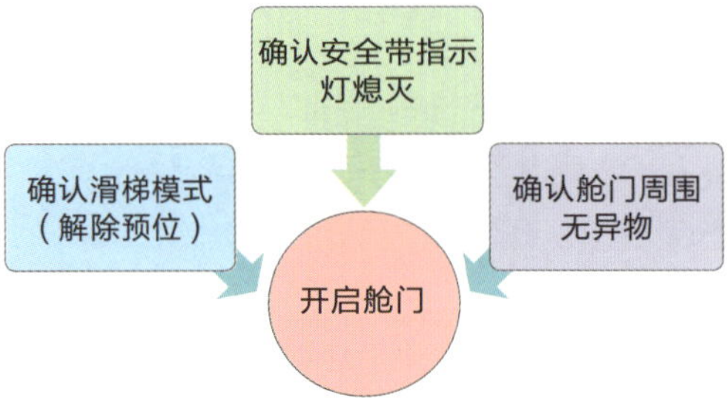

4. 乘客下机

· door open（开启舱门）后，由负责广播的乘务员进行下机广播通知。

· 乘客下机时，客舱乘务员在负责区域的 jump seat（乘务员座椅）周围，以亲切的表情向乘客致 farewell（欢送词），并积极协助需要帮助的乘客下机。

· 积极协助各等级舱顺利开展下机工作。

乘客下机顺序

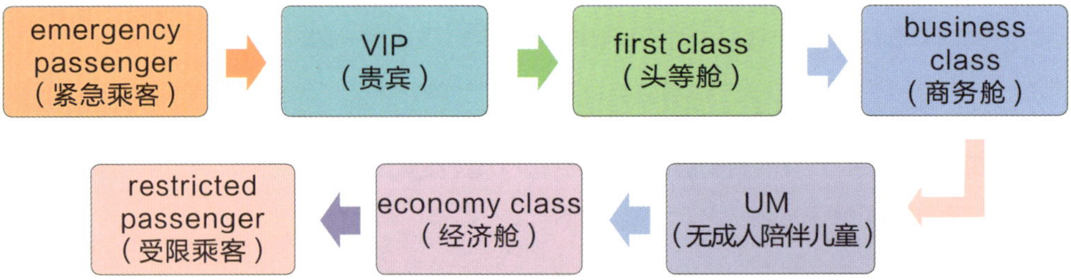

5. 机上检查

· 禁止非授权人员进入飞机内部。

· 乘客下机完毕后，检查客舱、卫生间内有无滞留乘客。

· 检查各区域乘客座位周围、机内行李架、椅背置物袋、衣帽间等机上安保事项是否存在异常，同时确认是否有遗失物品。

· 确认是否有未归还给乘客的行李。

· 确认乘客座位上是否有未回收的服务物品等。

· 客舱设备出现异常时，应向客舱乘务长报告。客舱乘务长在 cabin logbook（客舱记录本）上具体记录故障内容和位置，并交给客舱维修师。

· 再次确认滑梯模式解除预位。
· 客舱乘务长最后巡查客舱，检查有无异常后向机长报告。

发现遗失物品及处理流程：

发现遗失物品时，要转交给地面工作人员，如无法联系地面工作人员，则需在目的地机场地面工作人员办公室填写航班号和座位号后移交。

6. 乘务员下机

客舱乘务长最后巡查客舱，检查有无异常并向机长报告，接到报告的机长向全体乘务员下达指示。全体乘务员带上飞行包和随身物品下机。

7.debriefing（航后讲评会）

飞行结束后，由客舱乘务长负责在指定场所召开 debriefing（航后讲评会），报告飞行中发生的特殊事项及问题，全体机组人员共享这些信息。

航后讲评会是提升公司服务质量或调整客舱乘务员自身业务能力所必需的。对于需要解决的问题或必须改善的情况应以客舱报告的形式通过正式流程提交给公司。

航后讲评会的内容

· 乘客投诉或客舱服务时发生的意外情况。
· 飞机航运过程中发生的异常情况或感知到的危险因素。
· 改善服务的建议。
· 乘客的特殊事项。
· 其他需要与组员共享的信息。

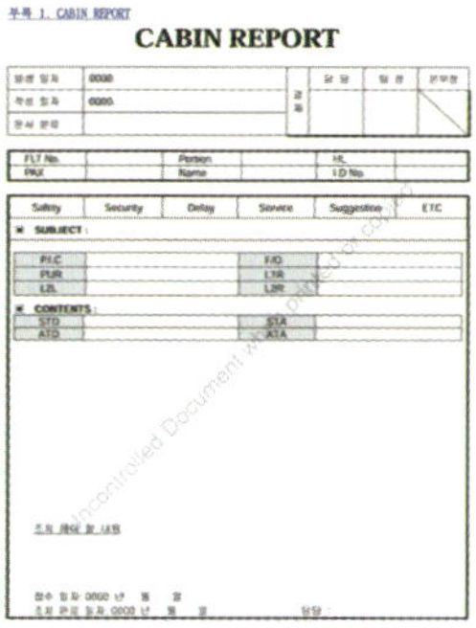

CABIN REPORT

FLT No. Person PAX Name I.D No.

Safety | Security | Delay | Service | Suggestion | ETC

SUBJECT

P.I.C F/O PUR L1R LIS L3R

CONTENTS

STD ATD STA ATA

客舱报告

8. 飞行结束后的工作

需填写 VIP（贵宾）乘客报告书并提交给公司。客舱乘务长有其他情况需要另行说明时，通过各航空公司规定的报告书形式向公司报告。

国内航线的一般服务流程

时间点	服务及工作	广播
乘客登机	致欢迎词并引导座位 确认乘客人数 报刊服务 交接 ship pouch （出港文件）	介绍航班目的地的广播 引导存放手提行李的广播
door close （关闭舱门）	door close（关闭舱门）	door close（关闭舱门）广播
push back （飞机推出）	切换 slide mode（滑梯模式） push back（飞机推出）准备完毕 全体客舱乘务员鞠躬问候 safety demonstration（安全演示）	切换 slide mode（滑梯模式）广播 welcome （欢迎）广播 safety demonstration（安全演示）广播
take off（起飞）	准备 take off（起飞）	take off（起飞）广播
fasten seat belt sign off （安全带指示灯熄灭）	准备餐饮车 提供餐饮服务 饮品续杯及回收 walk around（客舱巡视）	seat belt sign off（安全带指示灯熄灭）广播
approaching signal （接近着陆信号）	准备着陆	approaching（接近着陆）广播 landing（着陆）广播
landing （着陆）	taxing（滑行）过程中的安全工作 切换 slide mode（滑梯模式）	farewell （欢送词）广播 切换 slide mode （滑梯模式）广播
door open （开启舱门）	交接 ship pouch（出港文件） 乘客下机问候 确认无滞留乘客及检查遗失物品	deplane （下机）广播

[事例] 某航空公司国内航线餐饮服务流程

餐食服务 → 饮品服务 → 饮品续杯服务 → 回收

· 餐食服务

根据航班的飞行时间和起飞时间，航空公司提供不同的餐饮服务，例如：

① 2 小时以内的航班在就餐时段为乘客提供小瓶装矿泉水和餐食，其中餐食一般为牛肉饭或鸡肉饭。

② 2 小时以上的航班无论是否处于就餐时段，起飞后都提供饮品和餐食。餐食一般是牛肉饭和鸡肉饭。

③1 小时 40 分钟以内的航班只在就餐时段提供小瓶装矿泉水和简餐，简餐通常为面条。

④1 小时 40 分钟以内的航班，如果在非就餐时段，只为乘客提供小瓶矿泉水和零食盒。

零食盒内含小面包和花生。

⑤飞行时间在1小时以内的航班仅向乘客提供小瓶矿泉水。

· 饮品服务

· 将各种饮品按种类摆放在 drawer（存放饮品或服务用品的抽屉）里，随后放在饮品车顶部。

· 将可以盛热饮的水壶放在餐饮车顶部两端，并摆放装有冰块的 ice bucket（冰桶）。

· 饮品的种类有 mineral water（矿泉水）、orange juice（橙汁）、apple juice（苹果汁）、coke（可乐）、coconut juice（椰汁）、Sprite（雪碧）、cold tea（凉茶）、hot tea（热茶）、coffee（咖啡）等，饮品的标识要面向乘客摆放以便乘客能够确认。可利用餐饮车上的冰块做成冰 coffee（咖啡）提供服务。

· 纸杯和塑料杯叠放的高度不要超过饮品车中最高饮品瓶的高度。

· 一对一确认热饮和冷饮的温度要求。

· 将饮品倒入杯子后，需检查杯子是否漏水以及乘客小桌板是否平稳后再提供服务。

· 避免从乘客身后或头顶上方递送饮品，提供热饮时提醒乘客小心烫伤；如前排乘客调节椅背，提醒后排乘客拿起杯子。

· 倒完饮品后，将饮品放回原位，始终保持饮品车的整洁、美观。

· 将饮品车推回厨房后，必须踩好刹车，所有饮品盖盖好、拧紧，及时将车内垃圾清理干净。

· 如餐盘中配有杯装水，可省略餐前饮品服务。

· 热饮冲泡完成 4 小时后，禁止继续提供，需重新制作。

· 饮品 refill（续杯）服务

· 餐饮服务结束后，使用饮品车进行饮品续杯服务。

· 有时会提供简单的坚果类小食。

· 回收

· 在推车上准备好大托盘或 drawer（存放饮品或服务用品的抽屉）以及餐巾纸后进行回收。

· 应有序回收餐盒或使用过的杯子，避免杂乱无章。

15 CHAPTER

ECONOMY CLASS SERVICE ON LONG-HAUL INTERNATIONAL FLIGHTS

国际长途航线（经济舱服务）

起飞前的服务

起飞后的服务

一 起飞前的服务

学习目标

- 了解国际长途航线经济舱服务流程。
- 了解国际长途航线经济舱服务的准备和方法。

执行飞行工作的客舱乘务员所进行的一切检查工作，其目的在于保障乘客的安全和便利，因此是一项对精准性有要求的工作。尤其是对服务用品和服务用具的检查直接关系到乘客对服务的满意度。其中包括向乘客提供的飞机餐、饮品、服务用具、机上销售品、报纸、杂志等内容。

因此，客舱乘务员在飞机出发前，要仔细检查相关航班所需的用品，做好充分准备为乘客提供满意的服务。

1. 准备地面服务

地面服务是指乘客登机后到飞机舱门关闭之前提供的

服务。经济舱的地面服务大致可分为准备报纸、杂志服务和准备卫生间用品两种。

准备报纸、杂志服务

· 检查是否按类别配备报纸和杂志。

· 在连接廊桥的登机口提供服务时，使用服务推车按种类摆放报纸和杂志，使乘客能清晰看到报纸、杂志名称，以便直接拿取。

· 在连接客梯车的登机口提供服务时，使用半车或在各厨房搁板上按种类适量摆放，确保乘客能直接看到报纸和杂志名称。

· 剩余部分可在起飞后客舱巡视时提供给需要的乘客。

· 按种类将杂志摆放在杂志架上，以便乘客可以直接拿取。

准备卫生间用品

· 在卫生间里摆放乘客使用的物品。

· 卫生间用品放置在隔间，因此负责卫生间的客舱乘务员要确认卫生间用品的准备情况。

· 乳摆放乳液时需打开乳液盖子，为防止盖子丢失，可将其保管在隔间，下机时再盖上。

· 将卷纸末端折成三角形。

· 部分机型配备了换尿布台，因此要确认其是否能正常使用及清洁状态是否良好。

· 使用香味喷雾对卫生间进行香味管理。

2. 准备餐饮服务 >>>

· 准确掌握各厨房配备的 entrée（主菜）和餐盘数量，确认有无异常。

· 将各厨房混合搭载的 entrée（主菜）和餐车重新安排在前、后厨房，便于服务。

· 将服务用具分别放置在方便使用的位置。

· 使用干冰将配备在饮品车上的非酒精饮品和啤酒进行冷却。

· 将 wine（葡萄酒）打开进行 breathing（醒酒）。

· 将 white wine（白葡萄酒）、果汁和牛奶储存在冰箱中或冷却。

二 起飞后的服务

在飞机起飞达到适当高度，安全带指示灯熄灭后，客舱乘务员会按照机上饮品和飞机餐、in-flight entertainment services（机上娱乐服务）、免税商品销售等准备好的流程向乘客提供机上服务。

服务内容和流程因航空公司而异，虽然各航线因飞行时间或出发时间段等会有差异，但整体服务流程大体相似。

in-flight services（机上服务）

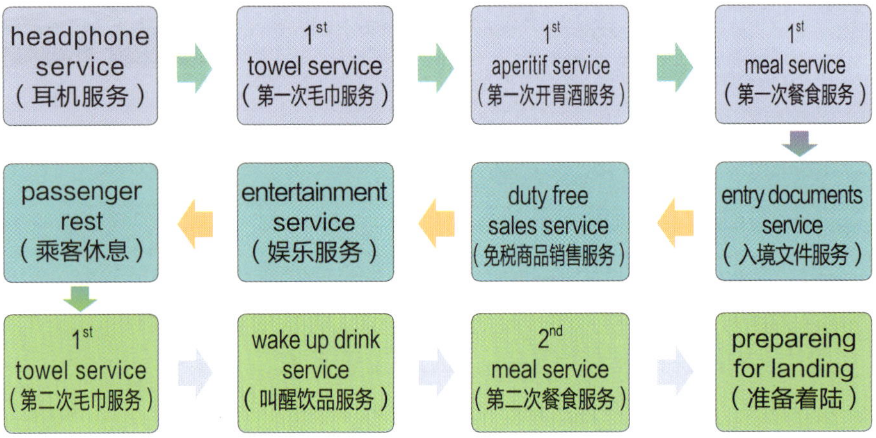

1.1st service procedure（第一次服务流程）

长途航线经济舱的第一次服务工作流程按下图顺序进行。

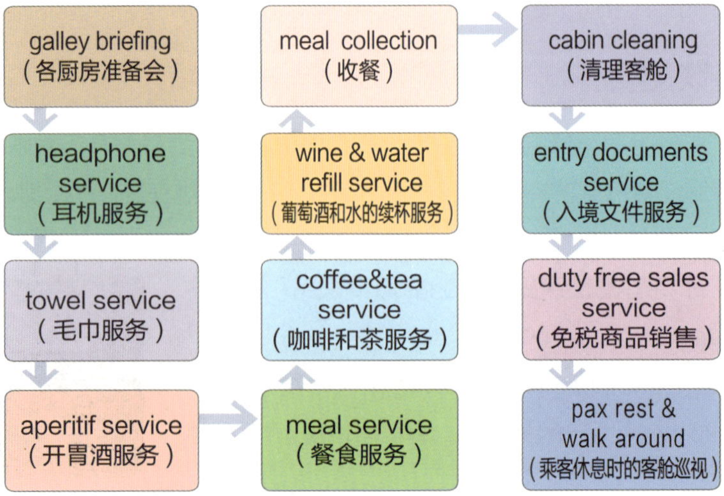

① galley briefing（各厨房准备会）

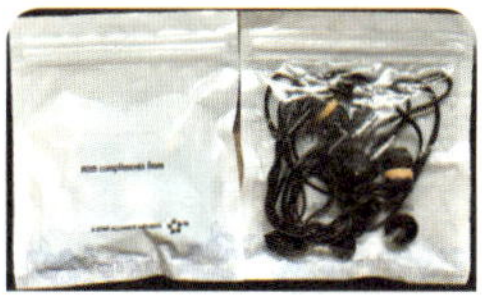

galley briefing（各厨房准备会）由资深乘务员或负责该厨房的资深乘务员负责，在服务之前再次确认负责区域的乘客或其他特殊事项等信息，以便进行有效的机上服务工作。

② headphone service（耳机服务）

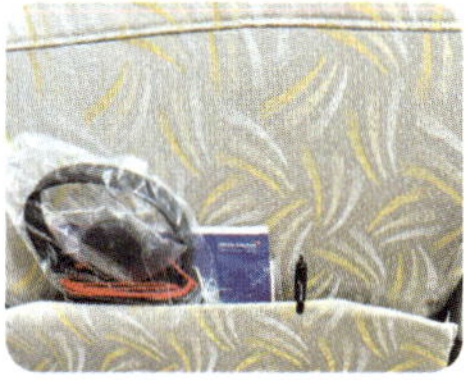

考虑到乘客的便利，在乘客登机前提前将耳机摆放在椅背置物袋里，或者根据情况起飞后提供。

起飞后回收在地面时提供的耳机的塑料套等，如有乘客遗漏或有乘客提出要求时追加提供耳机。

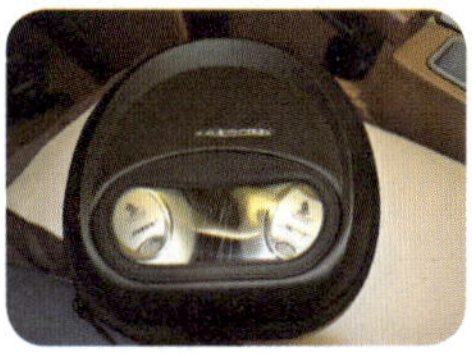

③ towel service（毛巾服务）

服务准备

· 将烤箱温度调节到 medium（中档）后，将毛巾放入烤箱加热 20~25 分钟，以便提供热毛巾服务。

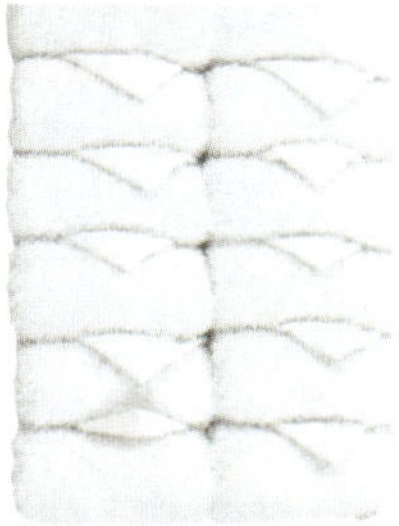

· 放置在毛巾篮或大托盘上提供服务。

· 服务前务必确认毛巾温度，防止过热，毛巾篮里填量不宜过多。

· 在服务前均匀喷洒备好的香水，使乘客体验馨香的服务。

服务方法

· 出于卫生考量，需使用毛巾夹将 towel（毛巾）卷起进行提供，并提醒乘客小心烫伤。

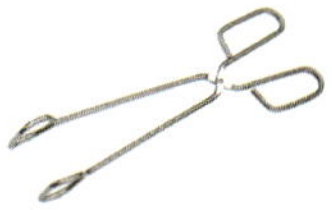

· 回收时引导乘客直接装入 towel basket（毛巾篮），或由客舱服务员用毛巾夹回收。

· 客舱乘务员应避免直接用手接触、回收乘客使用过的 towel（毛巾）。

· 将回收的 towel（毛巾）放入 galley（厨房）内用于回收的乙烯基塑料袋中，下机时带走。

④ aperitif service（开胃酒服务）

在中长距离飞行过程中，提供飞机餐之前为乘客提供简单的饮品和 nuts（坚果）用于开胃，有助于在航空旅行的开始阶段营造舒适愉快的飞行氛围。

服务准备

· 在 cart（餐车）顶部使用透明 drawer（存放饮品或服务用

品的抽屉）摆放果汁、soft drink（非酒精饮品）、white wine（白葡萄酒）、red wine（红葡萄酒）、矿泉水、塑料杯。

· 在 cart（手推车）里最上端的 drawer（存放饮品或服务用品的抽屉）内放入 nuts（坚果）和 napkin（餐巾纸）。

· 在 cart（手推车）里摆放威士忌、香槟、啤酒、果汁及矿泉水。

· 在 cart（手推车）里上端的 drawer（存放饮品或服务用品的抽屉）里准备冰块和冰夹。

· 提供的 cold beverage（冷饮）要充分 chilling（冷却），摆放时所有饮品的 label（商标）要朝向乘客。

服务方法

· 对所有乘客一视同仁、郑重接待。

· 提供饮品时按照从靠窗座位到通道座位的顺序，回收时则按照从通道座位到靠窗座位的顺序。

· 男女乘客同排入座时，先接受女性乘客的点单并提供饮品。

· 如果有儿童乘客同行，则先接受儿童乘客的点单并提供饮品。

· 如有老年乘客同排入座时，先接受老年乘客的点单并提供饮品。

· 先提供 nuts（坚果）和 napkin（餐巾纸），然后提供乘客需要的饮品。

· 提供装有饮品的杯子时，要手持杯子的下端，以免碰到乘客口部接触的杯口部分。

· 饮品倒至杯子的 2/3。

· 以乘客为基准将饮品放在右侧，花生或零食放在左侧。

· 为儿童或身体残疾乘客或在飞机 turbulence（颠簸）情况下提供饮品时，只倒至杯子的 1/2，并告知可提供 refill（续杯）服务。

· 在饮品中加入 ice cube（冰块）时，要先放入冰块，再倒入饮品。

· 提供易拉罐饮品时，打开易拉罐后同杯子一起提供，避免乘客带出舱外。

· 啤酒打开后需与 plastic cup（杯子）一起提供。提供啤酒时，cup（杯子）放在乘客的右侧，can（易拉罐）放在乘客的左侧。

· 如果饮品没有充分 chilling（冷却），需询问乘客的意见，取得同意后放入冰块再提供。

· 提供 wine（葡萄酒）时使用 linen（巾布）防止酒液洒落。

⑤ meal service（餐食服务）

entrée heating（主菜加热）

· heating（加热）标准取决于 entrée（主菜）的冷冻程度或 oven（烤箱）的运行状态，应注意控制加热时间。

heating（加热）时的注意事项

· entrée（主菜）的 heating（加热）时间及温度会根据 entrée（主菜）的状态及保存方式、oven（烤箱）性能而有所不同，因此要注意。

· 中途对正在加热中的食物状态进行检查，根据 entrée（主菜）状态调节温度。

· heating（加热）结束后确认 entrée 状态，决定是否再次 heating（加热）。

菜单	heating（加热）
omelet（煎蛋卷）、pasta（意大利面）	med（中温）18~20 分钟
seafood（海鲜）、fish（鱼）、chicken（鸡肉）、beef stew（炖牛肉）	med（中温）20~25 分钟

· entrée setting（准备主菜）时，关上 galley（厨房）门帘，注意不要暴露在乘客面前。

· 从烤箱中取出 entrée（主菜）后，不可将 entrée 叠放起来。

· 不可将 entrée 放在 galley（厨房）地面上。

· 将破损的 entrée tin foil（主菜锡箔纸）完全去除后更换新的。

⑥ meal service（餐食服务）方法

· 使用透明 drawer（存放饮品或服务用品的抽屉）将随餐或需要续杯的饮品摆放在餐车最上面。

· 对于点了特殊餐的乘客，在确认点餐内容无误后，优先提供。在提供餐盘服务的同时接受 wine（葡萄酒）等饮品的点单，并立即提供。

· 拉开厨房门帘，推餐车进入通道后，系好厨房门帘。

· 提供餐食和回收的顺序与提供饮品时的标准相同。

· 告知将座椅靠背调后的乘客目前正在提供餐食，取得谅解后帮其调直靠背。

· 提供餐盘时，打开乘客的小桌板后进行提供。

· 简单说明餐食的种类及内容、烹饪方法等，之后再接受点餐。

· 站在乘客前方接受点餐， 并以最快速度与饮品一同提供。

· 以客舱乘务员自身位置为准，为右侧乘客服务时使用右手，为左侧乘客服务时使用左手。

· 所有印有航空公司标志的服务用品和用具都要将标志朝向乘客摆放。

· 注意避免餐盘或饮品从乘客头上经过。

· 如果乘客想要的餐食供应不足时，可向正在其他区域服务的乘务员请求帮助，最大限度地满足乘客对餐食的需求。

乘客想要的飞机餐已发放完毕时的应对方法

· 由于飞机餐是从前排开始向后移动发放的，所以后排乘客偶尔会面临没有心仪的飞机餐选项的情况。在这种情况下要先表达歉意，并提供除了主菜之外的装有面包、水果、甜点等的餐盘和饮品；相关乘务员迅速确认其他区域是否有乘客需要的飞机餐，如果有则立即提供。

· 如果没有富余的飞机餐，需再次郑重表达歉意并建议乘客接受其他代替餐食，此时大部分乘客会表示接受而不再感到不满。但必须将该事项报告给客舱乘务长，由客舱乘务长再次向乘客致歉。

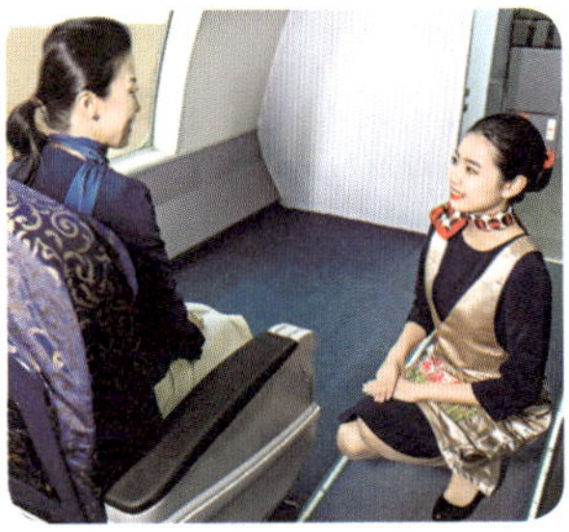

将饮品洒到乘客身上时的应对措施

· 因突如其来的颠簸或客舱乘务员的失误，将饮品洒在乘客衣服上时，应立即道歉并进行擦拭。

· 热饮有烫伤的危险，应立即引导乘客到卫生间，并提供瓶装水和毛巾。

· 向客舱乘务长报告。

· 再次真诚地道歉并提供洗衣券，需介绍使用方法。

· 持续关注并给予帮助直至飞行结束为止。

· 客舱乘务长向公司提交报告，以便向该乘客提供后续处理方案。

· 餐食服务结束后，需立即携带矿泉水和葡萄酒提供续杯服务。

· 分别将 white wine（白葡萄酒）和 red wine（红葡萄酒）摆放在 wine（葡萄酒）篮中，向乘客进行展示，并提供续杯服务。

· 如果乘客想要与刚才所喝的不同种类的葡萄酒，需返回厨房更换杯子后再提供。

⑦ coffee & tea service（咖啡和茶服务）

· 在小托盘上准备热饮用品，包括 coffee pot（咖啡壶）、sugar（糖）和 cream（奶油），以及 tea pot（茶壶）和 lemon slice（柠檬片）等。

· 提供热饮服务时，与提供餐食服务的方向相同。

· 提供热饮服务时，乘客将餐盘中的杯子放在乘务员手持的小托盘上，乘务员在通道处倾倒后，将小托盘朝向乘客，引导乘客直接取杯。

· 热水只倒至杯子的 2/3。

· 如果点咖啡的乘客需要 cream（奶油）和 sugar（糖），引导乘客亲自拿取。

· 提供茶服务时，同样可以引导乘客直接夹取小托盘上的柠檬片。

· 完成咖啡和茶续杯服务后返回厨房， 准备回收餐盘。

⑧ meal tray collection & cleaning（回收餐盘及清理）

· 餐车顶部放置两个透明 drawer（存放饮品或服务用品的抽屉），一个放置矿泉水、塑料杯、餐巾纸、毛巾，另一个用于回收使用过的杯子和易拉罐等。

· 与供餐顺序相反，按照从通道侧到靠窗侧的顺序回收。

· 如果用餐完毕的乘客提出要求，要优先为其收拾餐盘。

· 回收餐盘时，如果乘客的小桌板不洁净，使用 drawer（存放饮品或服务用品的抽屉）里准备好的毛巾进行擦拭。

· 回收餐盘时，要从推车的上端开始按顺序装满。

· 注意不要一次将 3~4 个餐盘叠放在一起回收。

· 用托盘而非服务推车回收时，要从靠近乘务员的位置开始摆放回收的用品。

· 回收时将托盘方向与通道平行，握住长的一边进行回收。

· 回收时确认乘客对餐食的满意度，务必询问是否回收后再收拾。

⑨ cabin cleaning（清理客舱），保持舒适

· 用餐结束后，清理乘客椅背置物袋中的垃圾以及座位下方、周围及通道区域。

· 在清理通道的同时确认是否有未回收的餐盘。

· 检查卫生间的清洁状态，及时补充不足的用品。

⑩ entry documents service（入境文件服务）

包括乘务员在内的所有乘客在出入境时必须经历 3 项流程，该流程取 customs（海

关）、immigration（移民）、quarantine（检疫）的首字母大写，表示为 CIQ。

· 乘客违反国家有关出入境规定，可能被拒绝入境，也可能处以罚款或者依法采取其他处罚措施。

· 由于每个国家的出入境规定不同，乘客对入境国家的规定信息了解不足，因此客舱乘务员的引导至关重要。

· 由于客舱乘务员引导不当，乘客可能被拒绝入境或受到其他处罚，因此客舱乘务员在飞行前必须熟知该航班目的地的出入境规定，向乘客传递准确信息。

· 向乘客发放入境文件时要介绍填写方法，并积极协助需要帮助的乘客。

Tips C I Q (customs， immigration， quarantine)

- customs（海关）▶ 携带的物品或货币等获得通关许可的流程。
- immigration（移民）▶ 根据乘客的个人资料审查入境相关国家的流程。
- quarantine（检疫）▶ 防止传染病或害虫传入的管理流程。

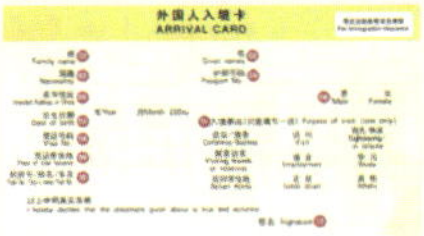

duty free sales（销售免税商品）

飞行中免税商品销售的 duty（工作任务）是提前分配好的，由负责销售的乘务员进行免税商品销售的相关工作，各航空公司都规定了使用的货币和信用卡的种类，因此要随时确认公司公告事项。

负责销售的乘务员乘坐飞机时，从搭载机上免税商品的工作人员处接收商品及销售设备后，需仔细确认是否有未搭载或遗漏的物品后在交接单上签名。

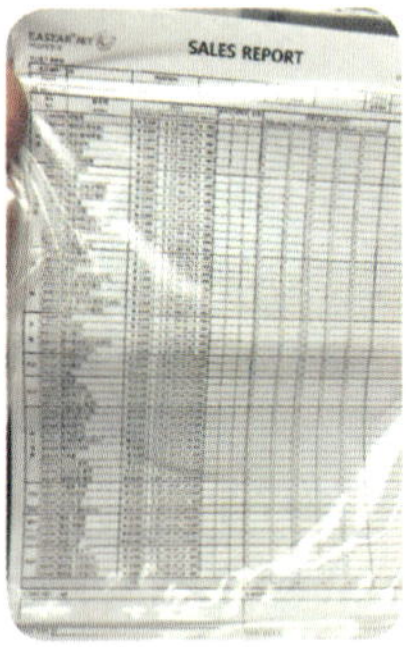

免税商品销售准备

· 按客舱等级或飞行时长及航班时刻，以个别订购的方式或摆放在推车上面对面的方式进行销售。

· 飞行时间充裕时采用摆放在推车上面对面的方式销售；飞行时间有限时采用个别订购的方式销售。

· 开始销售免税商品前需广播通知。

· 客舱乘务员手持各区域免税商品销售手册，告知乘客开始销售，并进行展示。

· 负责销售的乘务员将装有畅销商品的透明 drawer（存放饮品或服务用品的抽屉）置于推车上端，方便乘客查看。

· 将购物袋和准备好的免税商品摆放在 drawer（存放饮品或服务用品的抽屉）里，再放入推车内。

· 免税商品涵盖酒类、化妆品、饰品、香水、巧克力、保健品、纪念品等。

免税商品销售标准

· 两人一组（机上销售辅助乘务员）在客舱内巡回销售。

· 向乘客交付商品时，由于类似商品较多，所以必须与乘客相互确认后再交付。

· 长途飞行时，在提供 1st meal（第一次餐食）服务后进行销售；如果提供 2nd meal（第二次餐食）服务后有较多乘客有购买需求，可再次进行销售。

· 机上销售须在 approaching（接近着陆）前结束，以确保航运安全（销售结束前进行广播通知）。

· 结算时客舱乘务员需熟知可使用的货币和不可使用信用卡的相关规定，并提前告知乘客。

· 将商品装入购物袋，与乘客相互确认订购商品后交付。

免税商品销售结束

· 机上销售结束后，由负责乘务员检查销售明细、库存数量和销售金额。

· 将用于机上销售的推车铅封，并在销售清单上填写铅封编号。

· 抵达目的地后，负责销售的乘务员与机上免税商品搭载人员相互确认铅封编号后，履行交接手续。

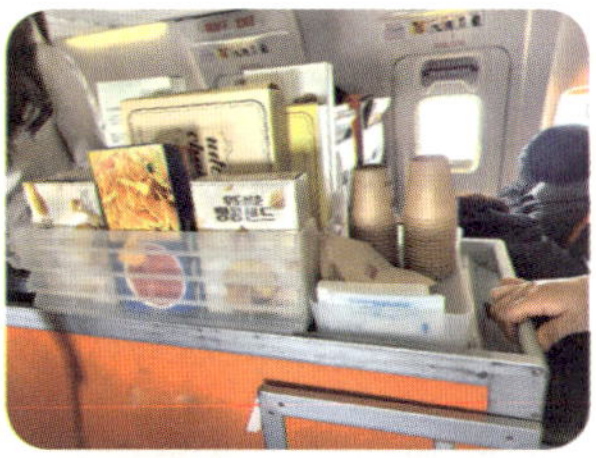

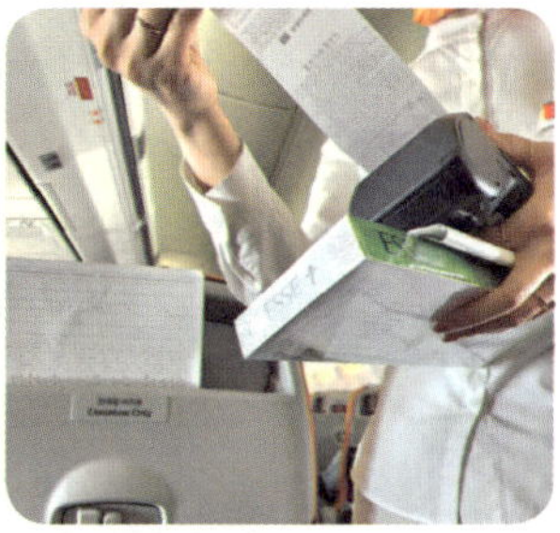

passenger rest & walk around（乘客休息时的客舱巡视）

除负责整理厨房的乘务员外，全体客舱乘务员都进入客舱内慢慢巡视，检查客舱温度，观察是否有需要帮助的乘客。

尤其重点关注幼儿或儿童乘客、老年乘客以及残疾乘客 。

乘客休息时的客舱巡视工作

· 每隔 15 分钟进行一次巡视，并用托盘提供饮品服务。

· 随时检查卫生间，补充卫生间常备用品。

· 观察机上是否有感觉冷的乘客，并提供多余的毯子。

· 检查紧急出口周围是否有违规坐卧的乘客。

· 在乘客易于看到的位置待命，保持客舱舒适度。

· 准备 1st meal（第一次餐食）和 2nd Meal（第二次餐食）服务之间提供的小食和饮品。

· 准备提供 2nd meal（第二次餐食）服务。

2.2nd service procedure（第二次服务流程）

第二次餐食服务流程与第一次餐食服务流程在整体架构上较为相似，但因飞行阶段与飞行时长不同，第二次提供的服务会比第一次服务更简洁。为使客舱乘务员更清晰地掌握各环节，本书将第二次餐食服务的部分重点内容梳理在国际长途航线客舱服务示例中。

国际长途航线客舱服务示例

第一次餐食服务	小食服务	第二次餐食服务
各厨房准备会	各厨房准备会	各厨房准备会
耳机、便利设施服务	简餐服务	毛巾服务
毛巾服务	饮品服务	乘客休息后提供饮品
开胃酒服务	回收	特殊餐服务
特殊餐服务	清理和巡视	与餐食一同提供咖啡和茶
餐食服务		咖啡和茶续杯服务
饮品续杯服务		回收餐盘
咖啡和茶服务		清理客舱
咖啡和茶续杯服务		复查入境文件
回收餐盘		客舱巡视
清理客舱		清理厨房
入境文件服务		
免税商品销售		
客舱巡视		

16 CHAPTER

BUSINESS CLASS SERVICE ON LONG-HAUL INTERNATIONAL FLIGHTS

国际长途航线（商务舱服务）

- 了解 business class（商务舱）
- 起飞前的服务
- 起飞后的服务

一 了解 business class（商务舱）

学习目标

- 了解长途航线 business class（商务舱）服务准备及服务方法。
- 了解长途航线 business class(商务舱)服务流程

1. business class（商务舱）

business class（商务舱）等级高于普通 economy class（经济舱），机票费用较高，因此提供区别于 economy class（经济舱）的特殊服务与优待。

舒适的座椅和宽敞的空间	高档餐饮	多样化的便利设施	优先登机、下机的便利服务

商务舱配备舒适的座椅和宽敞的空间，具备座椅显示器功能、阅读灯功能、收纳空间以及多角度座椅靠背调

节功能等，并提供便利的空间，以便乘客可享受愉悦且舒适的旅行。此外，商务舱还提供优先登机、下机服务，提高了乘客登机、下机的便利性。在出发前提供 wine（葡萄酒）、champagne（香槟）、soft drink（非酒精饮品）等 welcome drink service（迎宾饮品服务），也提供顶级厨师采用新鲜健康的食材制作的特色飞机餐和世界顶级葡萄酒专家严格挑选的 premium wine（高级葡萄酒）。

商务舱飞机餐由高级套餐料理和可供多样化选择的菜单组成，根据航线的不同，别具特色的通航地的酒类的种类繁多，乘客可根据喜好进行选择。

2.business class（商务舱）乘务员的职责

business class （商务舱）一般安排 BS（business class senior，商务舱资深乘务员）、BG（business class galley，商务舱厨房乘务员）、BJ（business class junior，商务舱资历较浅乘务员）3 名乘务员负责服务。

B/C duty（商务舱职责）

BS business class senior （商务舱资深乘务员）	BG business class galley （商务舱厨房乘务员）	BJ business class junior （商务舱资历较浅乘务员）

· BS（商务舱资深乘务员）的职责

· 总管 business class service（商务舱服务）。

· 应有高雅的品位和亲切干练的风度，具备专业的业务执行能力。

· 引领 business class（商务舱）的工作，以一对一的方式向乘客提供服务，通过登机和下机时的问候迅速掌握每位乘客的特点。

· 确认给客舱乘务长的 PM（乘客名单），以便提供称呼服务。

· 收集或掌握乘客的过往信息，以便提供个性化服务。

· 引导服务流程，调整厨房准备情况和客舱服务工作。

· BG（商务舱厨房乘务员）的职责

作为负责 business galley（商务舱厨房）工作的乘务员，主要负责检查所有服务用品和用具，BS（商务舱资深乘务员）和 BJ（商务舱资历较浅乘务员）负责按照服务流程进行完整的服务。

· 相互确认飞机餐和 menu book（菜单）是否存在异常。

· 确认飞机餐数量，餐盘数量、各套餐的主菜数量需比乘客人数多出 10%~20%。

· BS（商务舱资深乘务员）和 BJ（商务舱资历较浅乘务员）在进行客舱服务时，需关注客舱情况，提前准备下一项服务，确保连贯性。

· BS（商务舱资深乘务员）和 BJ（商务舱资历较浅乘务员）在客舱服务时，随时检查服务用品，不足时及时进行补充。

· 提供餐食服务时，如果乘客点的特殊餐供应不足，要在准备好后立刻提供。

· 提供热餐前需提前预热容器，使之保温。

· 从 BS（商务舱资深乘务员）处获取乘客信息，以便提供称呼服务。

· BJ（商务舱资历较浅乘务员）的职责

作为负责 business class（商务舱）服务的乘务员，主要协助 BS（商务舱资深乘务员）的工作。

· 与 BS（商务舱资深乘务员）共同在通道进行登机问候和下机问候，迅速掌握每个乘客的特征。

· 从 BS（商务舱资深乘务员）处获取乘客信息，以便提供称呼服务。

· 准备地面服务。

· 在准备有关厨房的地面服务时，积极协助 BG（商务舱厨房乘务员）进行准备工作。

· 整理衣帽间内部，确认配备衣架后，挂上衣架 hanger tag （座位号标签）。

· 负责卫生间用品的摆放和清洁。

· 提供驾驶室所需的物品。

· 往返于客舱和厨房之间，确保服务流程不中断，并迅速传送 BS（商务舱资深乘务员）需要的用品。

二 起飞前的服务

1. 准备地面服务

· 检查客舱并准备地面服务

· 由于商务舱乘客会携带存放西装的收纳包和笔记本电脑等其他较多的随身物品，因

此客舱乘务员必须在地面上提前确保舱顶行李架 、衣帽间等内部清洁和空间充足。

· 尤其需确认衣帽间内的衣架配备数量。

· 确认椅背置物袋内的清洁状态。

· 确认枕头、毯子的配备量及是否摆放完毕。

· 确认椅背置物袋内和脚踏板下存放场所的清洁状态。

· 确认椅背置物袋内的杂志、耳机和拖鞋是否摆放完毕。

· 要根据乘客人数准备盥洗包。

· 准备报纸、杂志

· 对于设有服务吧的机型，要在服务吧上按种类摆放报纸，以便乘客能够看到标题。

· 对于没有服务吧的机型，由客舱乘务员手持报纸向乘客展示，并提供个性化服务。

· 当个别乘客要求提供报纸时，将报纸对折，以便乘客看到标题。

· 杂志按种类摆放在杂志架上，以便乘客可以直接拿取。

· 准备卫生间服务

· 卫生间用品存放在移动式保管箱里，负责卫生间摆放的客舱乘务员要确认卫生间用品的配备状态。

· 在地面上将乘客要使用的用品摆放在卫生间里。

· 虽然每个航空公司各有不同，但卫生间用品一般都分男女通用和女性专用。

· 摆放乳液时需打开盖子，为防止盖子丢失，应保管在隔间里，下机时需盖上盖子。

· 将卷纸的末端折叠成三角形。

· 展开换尿布台，确认清洁状态。

· 飞行过程中随时备齐卫生间用品并保持清洁状态。

· 使用香气喷雾进行香气管理。

· 餐食服务过后，卫生间使用频率增加，容易弄脏。餐饮服务结束后，全体客舱乘务员需随时做好卫生间的清洁维护工作。

· meal check（确认餐食）

· 确认飞机餐数量，餐盘数量和各套餐主菜数量需比乘客人数多 10%~20%。

· 确认服务用品和所有用具是否配备，并重新分配，以便于使用。

· 将 wine（葡萄酒）打开 breathing（醒酒），将 white wine（白葡萄酒）和 juice（果汁）、牛奶存放在冰箱中。

· 用于服务的汤碗、咖啡和茶杯、盘子要提前放入保温设备中保温。

· 提前预热烤箱加热主菜和面包。

· 将 condiment set（一组调料，包括盐和胡椒等）摆放在所有餐盘上。

· 根据乘客人数准备桌布，确认桌布清洁和熨烫平整。

· 根据乘客人数准备 menu book（菜单）。

[Coaster 纸质杯垫]

· 准备 welcome drink（迎宾饮品）服务

· 将橙汁和 champagne（香槟）进行冷却。

· 摆放在银托盘上。

· 橙汁使用 tumbler（无手柄的杯子），champagne（香槟）使用葡萄酒杯，旁边搭配 coaster（纸质杯垫）。

· 用 saucer（茶碟）准备高级舱位专用的坚果。

· 将鸡尾酒餐巾纸对折成菱形。

· 在约 50% 的预约乘客完成登机时，开启 champagne（香槟），准备迎宾饮品。

· 优先给整理完行李入座的乘客提供 welcome drink（迎宾饮品）。

2. 地面服务流程

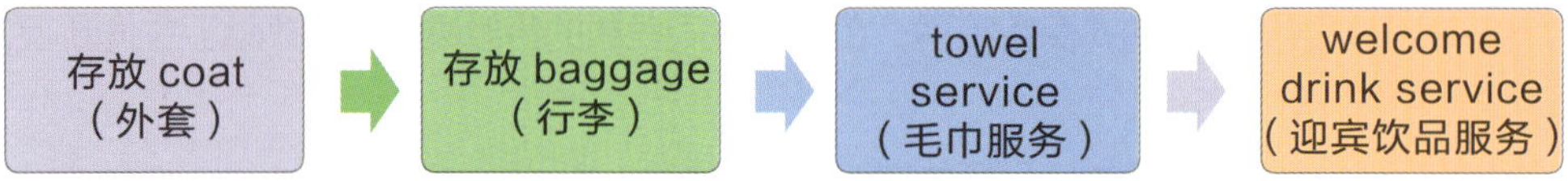

①存放 coat（外套）

· 向乘客询问衣物存放意向后，如有需要，在衣帽间衣架的 hanger tag（座位号标签）上填写座位号后存放，注意避免衣物褶皱。

· 询问是否有贵重物品，并告知有丢失的风险，建议乘客亲自保管贵重物品。

· 返还时，确认座位号及本人后返还。

②存放 baggage（行李）

· 乘客的行李无法存放在舱顶行李架或座位下方时，需存放在设有门的衣帽间内。

· 在 hanger tag（座位号标签）上填写座位号后存放。

· 询问是否有易碎物品，告知乘客物品破损时航空公司不承担责任并请求谅解。

· 受托存放的行李在飞机着陆且停稳后再归还。

③ towel service（毛巾服务）

· 将烤箱温度调节到 medium（中档）后，将毛巾放入烤箱加热

20~25 分钟，以便提供热毛巾服务。

· 根据乘客人数整齐摆放在银托盘上。
· 提供前确认湿度和温度，并喷洒香水。
· 卷成圆卷，使用毛巾钳提供给乘客。
· 提供时要提醒乘客小心烫。
· 回收时引导乘客自行放回，或使用毛巾夹回收。
· 回收时乘务员注意避免直接用手接触毛巾。

④ welcome drink service（迎宾饮品服务）

利用 PM（passenger manifest，全体乘客名单），提供称呼服务和 welcome drink（迎宾饮品）。

· welcome drink（迎宾饮品）是具有欢迎意义的饮品，因此在进行欢迎问候时提供。
· 先铺上 coaster（纸质杯垫），在小桌板或扶手桌上摆放乘客需要的饮品。
· 建议乘客搭配坚果饮用，和鸡尾酒餐巾纸一同放在饮品旁边。
· champagne（香槟）不要过早打开，在提供之前再打开，确保有气泡。
· 如果乘客想要其他饮料，在厨房准备好之后提供。
· 如果乘客登机过程中时间充足，可以再次进行客舱巡视，并提供续杯服务。
· 询问用餐完毕乘客的满意度和是否需要回收的意向后再进行回收。

三 起飞后的服务

1.service procedure（服务流程）

在乘客要求的情况下随时提供酒类服务。

根据飞行路线及服务时间，也会省略部分 course（环节），特别是提供早餐时，coffee &tea service（咖啡和茶服务）不在甜品环节提供，而在主菜之前提供。

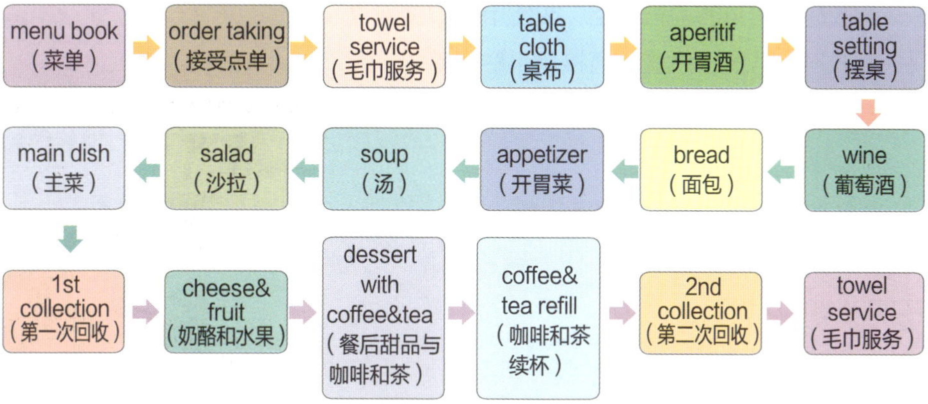

2.1st meal service（第一次餐食服务）

第一次餐食服务根据飞行时段及飞行时长不同，提供的时间段也不同。可以是 lunch（午餐）、supper（夜宵）、dinner（晚餐）或 brunch（早午餐）。

① 提供 menu book（菜单）、wine List（酒单）、coffee list（咖啡单）

· 检查菜单、酒单、咖啡单的数量和清洁、平整状态。

· 简单介绍相关航班上提供的菜单顺序。

· 简单介绍该航班提供的葡萄酒的特点。

② menu order taking（点餐服务）

· 以蹲姿接受开胃酒和主菜的点单。

· 介绍 champagne（香槟）、beer（啤酒）、whisky（威士忌）等酒类以及各种 juice（果汁）、soft drink（非酒精饮品，如可乐、汽水等）等搭载的饮品种类。

· 详细说明主菜的烹饪方法、使用的食材和味道。

· 乘客点 beef steak（牛排）时，注意询问需要几分熟（rare：一分熟，medium：五分熟， well-done：全熟）。

· 如有乘客不想立即用餐，可先接受主菜的点单，单独保管其餐食且无须加热，以便在乘客需要时再提供。

③ towel service（毛巾服务）

· 将烤箱温度调节到 medium（中档）后， 将毛巾放入烤箱加热 20~25 分钟，以便提供热毛巾服务。

· 根据乘客人数整齐摆放在银托盘上。

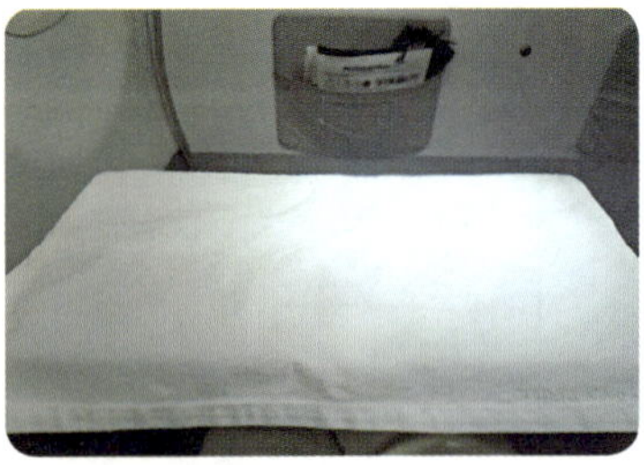

· 提供前确认湿度和温度，并喷洒香水。

· 卷成圆卷，使用毛巾夹提供给乘客。

· 提供时提醒乘客小心烫。

· 回收时引导乘客自行放回，或使用毛巾夹回收。

· 回收时乘务员注意避免直接用手触碰毛巾。

④ table cloth（桌布）

· 根据乘客人数准备桌布。

· 准备桌布时确认清洁和熨烫平整。

· 将桌布搭在一只胳膊上，进入客舱通道，先为乘客打开小桌板。

· 告知乘客马上提供餐食。

· 将搭在胳膊上的桌布整齐地铺在乘客的小桌板上。

⑤ aperitif（开胃酒）

在提供飞机餐之前，先提供简单的饮品和 canape（开胃小菜）等 hors d'oeuvre（前菜）的服务。此服务旨在用餐前刺激乘客食欲，营造惬意用餐氛围。

· 在服务推车上准备用于 starter（开胃品）的盘子、wine（葡萄酒）、champagne（香槟）、whiskey（威士忌）、各种 soft drink（非酒精饮品，如可乐、汽水）、lemon slice（柠檬片）和适配不同饮品的酒杯。

· 摆放饮品时需将品牌标签正面朝向乘客。

· 简单介绍 aperitif（开胃酒）的种类和 hors d'oeuvre（前菜）。

· 先将 hors d'oeuvre（前菜）和 cocktail napkin（鸡尾酒餐巾纸）一并放置在乘客面前。

· 将乘客点的 aperitif（开胃酒）放在 hors d'oeuvre（前菜）盘子的右侧。

· 对酒类及饮品必须提供续杯服务。

⑥ table setting（摆桌）

table setting（摆桌）时的服务用品

用品	图示	用品	图示
butter plate（黄油盘）	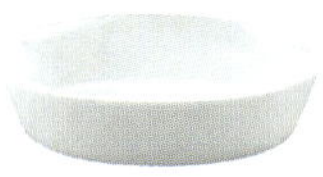	balsamic vinaigrette（香醋油醋汁）	
bread plate（面包盘）		tumbler glass（平底杯）	
cutlery set（餐具套装）		wine glass（葡萄酒杯）	

用品	图示	用品	图示
condiment set（一组调料，包括盐和胡椒等）			

餐前饮品服务完成 50% 左右时，在服务推车上准备摆桌时使用的服务用品。

· table setting procedure（摆桌流程）

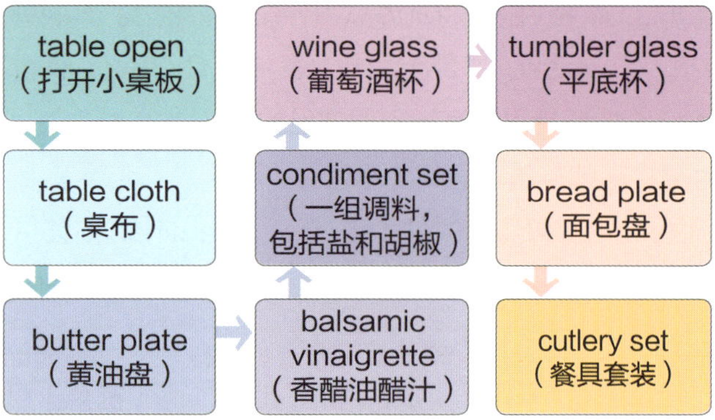

· 所有餐具（含杯子）的标志应面向乘客摆放。

· 用折叠成 4 层的巾布拿起矿泉水瓶，倒至 tumbler（平底杯）的 2/3 左右。

· 矿泉水要持续续杯，直至用餐结束。

⑦ wine service（葡萄酒服务）

为了以最佳状态提供服务，葡萄酒要按种类始终保持适当的温度，因此在服务前和服务过程中都要确认温度。

· 将葡萄酒巾布事先折叠好，挂在葡萄酒篮手柄上。

· 当摆桌进行到一半左右时，将红酒按种类装入酒篮，带到客舱通道进行 wine service（葡萄酒服务）。

· 一只手握住酒篮手柄，另一只手托起酒篮下部，将葡萄酒标签面向乘客。

· 直到提供甜品环节持续续杯。

⑧ bread service（面包服务）

· 完成葡萄酒服务后，在面包篮上铺好巾布，将加热好的面包按种类摆放，并准备面包夹。

· 介绍面包种类时，需弯腰展示面包篮，以便乘客亲自挑选。

· 可由乘客亲自夹取面包，或客舱乘务员协助夹取，将面包整齐地放在乘客的面包盘内。

· 使用面包夹夹面包时，注意用面包夹末端轻轻夹住面包边缘，尽量不破坏面包的形状。

⑨ appetizer（开胃菜）

· 面包服务结束后，在服务推车上准备好装有 appetizer（开胃菜）的盘子。

· 将 appetizer（开胃菜）放在乘客餐桌中央。

⑩ soup（汤）

· 回收乘客吃完的 appetizer（开胃菜）盘子，将其放在服务推车的第二格或第三格。

· 如果第一格和第二格都摆放了汤碗，回收的餐具必须放在第三格，用于服务和回收的餐具需分开。

· 回收 appetizer（开胃菜）餐盘后在该位置摆放汤碗。

· 汤碗的 logo（标志）要面向乘客。

⑪ salad（沙拉）

· 沙拉要提前取出，避免过凉。

· 检查有无不新鲜、变色的部分。

· 将巾布铺在服务推车上，并摆放提前准备好的沙拉盘。

· 将沙拉酱按种类装入gravy boat(船形肉汁盘)中，插上 small ladle(小长柄勺)。

· BS和BJ推着放有沙拉的服务推车进入客舱通道。

· 如果沙拉酱中含有坚果，需要确认乘客是否对其过敏。

· 如果乘客的餐桌上还留有已用完的汤碗，则回收汤碗，放在服务推车的第二格或第三格。

· 如果服务推车的第一格和第二格都摆放了沙拉盘，回收的餐具则应放在第三格，用于服务和回收的餐具需分开。

· 回收汤碗后在该位置摆放沙拉盘。

· 将沙拉盘的 logo（标志）面向乘客。

· 介绍 gravy boat（船形肉汁盘）中的酱汁种类，利用 ladle（长柄勺）将乘客选择的酱汁以 S 形撒在沙拉上。

⑫ main dish（主菜）

· 根据主菜的种类按照加热标准进行准备。

· steak（牛排）根据熟透程度分别进行准备。

· 将巾布铺在服务推车上，同时准备好加热的主菜和酱料。

· 酱料包括 horseradish（辣根）、mustard（芥末酱）、A1 sauce（A1 调味酱）、hot Sauce（辣酱）、worcestershire（乌斯塔酱）等。

· 在托盘上准备多余的餐具，提供服务时进行补充或更换。

· BS 和 BJ 推着摆放主菜的服务推车。

· BS 确认订单，回收沙拉盘后在该位置摆放主菜 。

· 介绍酱料种类时，根据实际情况可帮助乘客选择，积极推荐适合该乘客主菜的酱料 。

· 如果是 horseradish（辣根）、mustard（芥末酱），需使用茶匙盛在乘客的主菜旁边，而 A1 sauce（A1 调味酱）、hot sauce（辣酱）、worcestershire（乌斯塔酱）则需打开盖子，将酱料瓶放在餐桌的一侧。

· 主菜服务结束后，持续进行面包、葡萄酒及矿泉水的续杯服务。

① worcestershire（乌斯塔酱）
② hot sauce（辣酱）
③ A1 sauce（AI 调味酱）
④ horseradish（辣根）
⑤ mustard（芥末酱）

⑬ collection（回收）

· BS 和 BJ 将回收时使用的大托盘摆放在服务推车上，并回收所有主菜盘和 condiment set（一组调料，包括盐、胡椒等）、面包盘、黄油盘、balsamic oil（香脂油）。

· 回收的餐具放入第一格。

· 服务推车上的大托盘已装满，则送回厨房换成空的大托盘继续回收。

· 注意一次不要堆积太多。

· 询问乘客是否仍需要面包，如乘客有需求，则保留面包盘。

· 询问乘客用餐是否愉快、是否有其他需要后回收。

· 在询问乘客意向后回收或更换矿泉水杯和葡萄酒杯。

⑭ cheese & fruit（奶酪和水果）

· bulk type（大量）提供时

· 去除大量的 cheese & fruit（奶酪和水果）的保鲜膜后，直接摆放在服务推车上。

· 将用于 cheese & fruit（奶酪和水果）的盘子摆放在服务推车上，并准备沙拉夹。

· 准备好提供甜品时使用的 port wine（波特酒）、wine（葡萄酒）杯和餐巾纸。

· 折叠巾布，在里面放入刀叉。

· BS 和 BJ 推出服务推车。

· 首先向乘客介绍 cheese & fruit（奶酪和水果）的种类，并接受点单。

· 用沙拉夹装盘。

· 餐刀摆放在乘客餐桌右侧，餐叉摆放在餐桌左侧。

· 提供装有 cheese & fruit（奶酪和水果）的盘子和餐巾纸。

· cheese & fruit（奶酪和水果）服务结束后，建议乘客品尝与 cheese（奶酪）相配的 port wine（波特酒）。

· 将 port wine（波特酒）杯放在乘客餐桌的右上端，先介绍酒后再斟倒。

· 提供已 dish up type（装盘）服务时

· 将已装盘的 cheese& fruit（奶酪和水果）摆放在服务推车上。

· 准备好提供甜品时使用的 port wine（波特酒）、wine（葡萄酒）杯和餐巾纸。

· 折叠巾布，在里面放入刀叉。

· BS 和 BJ 推出服务推车。

· 首先向乘客介绍 cheese & fruit（奶酪和水果）的种类。

· 餐刀摆放在乘客餐桌右侧，餐叉摆放在餐桌左侧。

· 提供装有 cheese & fruit（奶酪和水果）的盘子和餐巾纸。

· cheese & fruit（奶酪和水果）服务结束后，建议乘客品尝与cheese（奶酪）相配的 port wine（波特酒）。

· 将 port wine（波特酒）杯放在乘客餐桌的右上端，先介绍酒后再斟倒。

⑮ dessert with coffee & tea（甜品及咖啡和茶）

· **服务车准备**

· 准备咖啡和茶以及 liquor（酒）。

· 冲泡咖啡，先用热水冲烫咖啡壶和茶壶进行保温。

· 取出提前放入保温设备中的咖啡杯和茶杯摆放在服务推车上。

· 折叠巾布，在里面放入茶匙和叉子。

· 将蛋糕、咖啡和茶壶、咖啡杯、saucer（杯碟）、lemon slice（柠檬片）、液体奶油、白糖摆放在服务推车上端的一侧。

· 另一侧摆放 brandy（白兰地）、port wine（波特酒）等酒类。

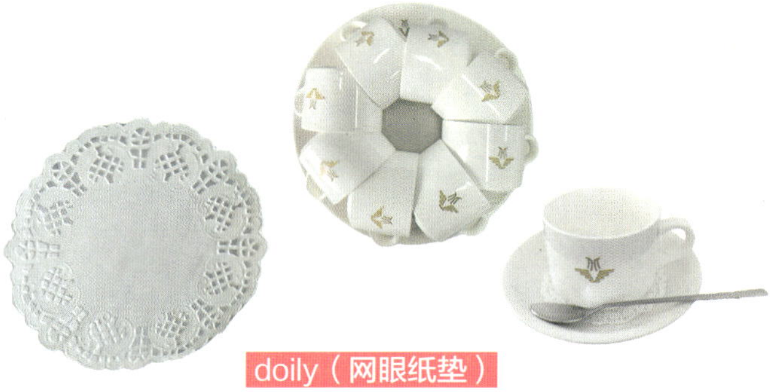

doily（网眼纸垫）

⑯ dessert with coffee & tea（甜品及咖啡和茶）的服务

· 将蛋糕和叉子一起放在乘客的餐桌上。

· 提供杯装冰淇淋时，首先在盘子上铺上 doily（网眼纸垫），然后放上冰淇淋。

· 提供咖啡服务时，询问是否需要白糖和液体奶油。

· 用杯碟托住咖啡杯，使手柄朝向乘客右手边。

· 咖啡倒至杯子的 2/3。

· 乘客需要白糖和液体奶油时，将茶匙放在杯子前面，白糖放在杯子后面，放入液体奶油后递给乘客。

· 提供茶服务时，用杯碟托住茶杯，使手柄朝向乘客右手边。

· 将热水倒至杯子的 2/3，茶匙放在杯子前面，白糖放在杯子左侧。茶包放在碟子里，摆放在杯子的右上方。

· 乘客需要 slice lemon（柠檬片）时，用夹子夹入碟中，放在杯子的右上方。

· 首先介绍热饮种类，同时推荐蛋糕或冰淇淋，之后推荐酒类。

· 服务推车上无乘客需要的饮品时，在厨房另行准备后进行提供。

⑰ coffee & tea refill with liqueurs（咖啡、茶、酒类的续杯）服务

· BS 和 BJ 再次将摆放好咖啡、茶、烈性甜酒的服务推车推入客舱。

· 询问是否续杯，如果乘客想要其他种类的热饮或烈性甜酒，则更换新杯子后提供服务。

⑱ collection（回收）

· 询问乘客是否需要续杯、是否有其他需要后回收。

· 回收桌布时，注意不要将面包粉或其他食品掉在乘客身上或乘客座椅上。

· 将回收的餐具放在第一格。

· 将回收的桌布放在第二格。

⑲ towel service（毛巾服务）

· 与 1st meal（第一次餐食）服务方法相同。

3.2nd meal service procedure（第二次餐食服务流程）

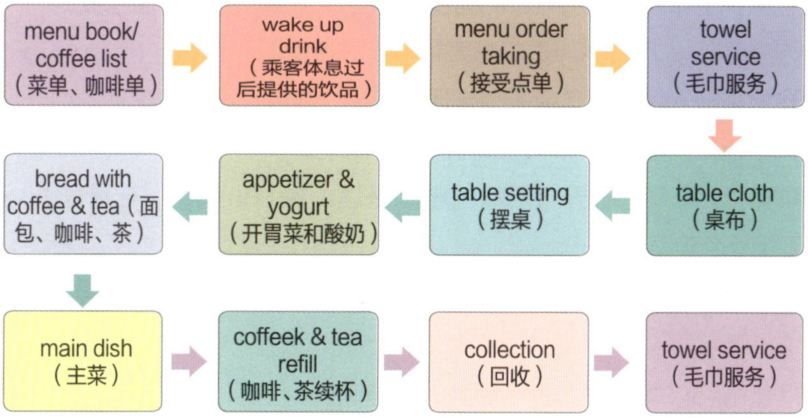

① menu book/ coffee list（菜单、咖啡单）

· 与 1st meal（第一次餐食）服务方法相同。

② wake up drink（乘客休息过后提供的饮品）

· 在银托盘上摆放 orange juice（橙汁）、guava juice（番石榴汁）、矿泉水。

· 同时准备鸡尾酒餐巾纸和 coaster（杯垫）。

· BS 和 BJ 端着银托盘提供服务。

· 先将 coaster（杯垫）放在乘客餐桌上，然后将杯子放在杯垫上，再将鸡尾酒餐巾纸放在旁边。

· 银托盘的方向与通道平行，客舱乘务员手握托盘的长边。

③ menu order taking（接受点单）

· 与 1st meal（第一次餐食）服务方法相同。

④ towel service（毛巾服务）

· 与 1st meal（第一次餐食）服务方法相同。

⑤ table cloth（桌布）

· 与 1st meal（第一次餐食）服务方法相同。

⑥ table setting（摆桌）

· 与 1st meal（第一次餐食）服务方法相同。

⑦ appetizer & yogurt（开胃菜和酸奶）

· 在服务推车上准备好 appetizer（开胃菜）和 yogurt（酸奶）。

· 通常 2nd meal（第二次餐食）服务中的 appetizer（开胃菜）是水果。

· 将 appetizer（开胃菜）和 yogurt（酸奶）摆放在乘客餐桌上。

⑧ Bread with coffee & tea（面包、咖啡、茶）

· 面包篮铺上巾布，将加热过的面包按种类准备好，并放上面包夹。

· 冲泡咖啡，先用热水冲烫咖啡壶和茶壶进行保温。

· 取出提前放入保温设备中的咖啡杯和茶杯，摆放在服务推车上。

· 提前取出搭配咖啡的液体奶油，放入容器中。

· 将咖啡壶、茶壶、杯子、杯碟、巾布、茶匙、lemon slice（柠檬片）、液体奶油、白糖摆放在服务推车上。

· 与 1st meal（第一次餐食）服务方法相同。

⑨ main dish（主菜）

· 与 1st meal（第一次餐食）服务方法相同。

⑩ coffee&tea refill（咖啡、茶续杯）

· 与 1st meal（第一次餐食）服务方法相同。

⑪ collection（回收）

· 与 1st meal（第一次餐食）服务方法相同。

⑫ towel service（毛巾服务）

· 与 1st meal（第一次餐食）服务方法相同。

17 CHAPTER

FIRST CLASS SERVICE ON LONG-HAUL INTERNATIONAL FLIGHTS

国际长途航线（头等舱服务）

- 了解 first class（头等舱）
- 起飞前的服务
- 起飞后的服务

一 了解 first class（头等舱）

学习目标

- 了解长途航线 first class（头等舱）服务的准备及方法。
- 了解长途航线 first class（头等舱）的服务流程。

1. first class（F/C，头等舱）

提供舒适的座椅和宽敞的空间	提供高档餐饮	提供多样化的便利设施	提供登机、下机便利服务

first class（头等舱）的“first”一词直观体现了各航空公司提供服务座位等级为顶级，很多航空公司为了打造顶级酒店般的 first class（头等舱）而进行高额投资，利用人体工学设计和高级材料，提供高级、舒适的座椅。

安装滑动门，为乘客提供 private（私人）空间。180 度完全水平座椅，为乘客提供舒适和惬意感。根据旅行地的特点，用时令 well-being（健康）食材准备高级的飞机套餐，同时提供严格挑选的特级葡萄酒服务，并根据乘客的身体状况，在想要就餐的时段提供 individual（个别）点单用餐服务。

此外，长途旅行时为乘客提供便服，以便在客舱内活动，并提供与名牌厂商合作制作的 amenity（包含飞行中所需物品的纪念品）。

A380 机型设有机上休息室，乘客在飞行中随时可以享受高档酒类服务。机上设有淋浴 SPA，并安装了内置型按摩系统，乘客在飞行途中随时可以享受按摩服务。

2. first class （头等舱）乘务员的职责

first class（头等舱）一般会安排 FS（头等舱资深乘务员）、FG（头等舱厨房乘务员）和 FJ（头等舱资历较浅乘务员）负责提供服务。

FS（头等舱资深乘务员）职责

FS 作为负责 first class（头等舱）的高级乘务员，引领整个服务进程，掌控厨房准备情况及客舱服务工作，总管并指挥 first class service（头等舱服务）。

· 作为高级乘务员，应有高雅的品位和亲切干练的风度，具备专业的业务执行能力。

· 要引领 first class（头等舱）的工作，需面向乘客以一对一方式服务乘客，通过登机和下机问候细心观察并掌握每位乘客的特点。

· 确认给客舱乘务长的 PM（乘客名单），以便提供称呼服务。

· 在各厨房准备会上，对乘客的称呼、食物喜好、饮品喜好等进行信息共享。

· 收集或掌握乘客之前的信息，以便提供个性化服务。

· 事先掌握乘客的喜好、特殊要求事项、

被大家熟知的话题等，以便进行一对一服务。但需避免因发表主观意见而引发矛盾。

FG（头等舱厨房乘务员）职责

作为负责 first galley（头等舱厨房）工作的乘务员，主要负责检查所有服务用品和用具，FS（头等舱高级乘务员）和 FJ（头等舱资历较浅乘务员）负责按照服务流程准备。

· 通过相互确认，检查配备的飞机餐和菜单有无异常。

· 确认飞机餐数量，meal tray（餐盘）数量、course dishes（各套餐的主菜）数量需比乘客人数多出 10%~20%。

· 在客舱进行服务时，需关注客舱情况，提前准备下一项服务，确保连贯性。

· FS（头等舱高级乘务员）和 FJ（头等舱资历较浅乘务员）在客舱服务时，要随时检查服务用品，不足时要及时补充。

· 提供餐食服务时，如果乘客点的特殊餐供应不足时，要在准备好后立刻提供。

· 提供热餐前要加热容器。

· 在各厨房准备会上从 FS（头等舱高级乘务员）那里获取有关乘客称呼、餐食喜好、饮品喜好等信息。

FJ（头等舱资历较浅乘务员）职责

作为负责 first class（头等舱）服务的乘务员，主要协助 FS（头等舱资深乘务员）的工作。

· 与 FS（头等舱资深乘务员）共同在通道进行登机问候和下机问候，迅速掌握每个乘客的特征。

· 开各厨房准备会时从 FS（头等舱资深乘务员）处获取有关乘客的称呼、餐食喜好、饮品喜好等信息并做好记录。

· 准备地面服务。

· 准备有关厨房的地面服务时，积极协助 FG（头等舱厨房乘务员）做准备工作。

· 整理衣帽间内部，确认配备衣架后，挂上衣架 hanger tag（座位号标签）。

· 负责卫生间用品的摆放和清洁。

· 服务时主要协助 FS（头等舱资深乘务员）的工作。

· 往返于客舱和厨房之间，确保服务流程不中断，并迅速传送 FS（头等舱资深乘务员）需要的用品。

二 起飞前的服务

1. 准备地面服务 >>>

检查客舱并准备地面服务 → 准备报纸、杂志 → 准备卫生间服务 → prepare meal service（准备餐食服务） → 准备 welcome drink（迎宾饮品）服务

①检查客舱并准备地面服务

· 由于 first class（头等舱）乘客会携带存放西装的收纳包和笔记本电脑等其他较多的随身物品，因此客舱乘务员必须在地面上提前确保舱顶行李架、衣帽间等内部清洁和空间充足。

· 尤其需确认衣帽间内的衣架配备数量。

· 确认椅背置物袋内的清洁状态。

· 确认椅背置物袋内是否摆放了杂志和机上专用宣传品，如航空公司宣传杂志、安全卡、免税商品杂志等。

· 在座位脚踏板和座位旁边的桌子上准备便服、耳机、拖鞋、盥洗包。

· 确认枕头、毯子的配备量及是否摆放完毕。

· 确认椅背置物袋内和脚踏板下存放场所的清洁状态。

便服、寝具、拖鞋

amenity kit（盥洗包）

提前摆放在 F/C（头等舱）的饮品

②准备报纸、杂志

· 对于设有服务吧的机型，要在服务吧上按种类摆放报纸，以便乘客能够看到标题。

· 对于没有服务吧的机型，由客舱乘务员手持报纸向乘客展示，并提供个性化服务。

· 当个别乘客要求提供报纸时，将报纸对折，以便乘客看到标题。

· 杂志按种类摆放在杂志架上，以便乘客可以直接拿取。

③准备卫生间服务

· 卫生间用品存放在移动式保管箱里，负责卫生间摆放的客舱乘务员要确认卫生间用品的配备状态。

· 在地面上将乘客要使用的用品摆放在卫生间里。

· 虽然每个航空公司各有不同，但卫生间用品一般都分男女通用和女性专用。

· 摆放乳液时需打开盖子，为防止盖子丢失，应保管在隔间里，下机时需盖上盖子。

· 将卷纸的末端折叠成三角形。

· 展开换尿布台，确认清洁状态。

· 飞行过程中随时备齐卫生间用品并保持清洁状态。

· 使用香气喷雾进行香气管理。

· 餐食服务过后，卫生间使用频率增加，容易弄脏。餐饮服务结束后，全体乘务员需随时做好卫生间的清洁维护工作。

④ prepare meal service（准备餐食服务）

· 确认飞机餐数量，餐盘数量和各套餐主菜数量需比乘客人数多 10%~20%。

· 确认服务用品和所有用具是否配备， 并重新分配，便于使用。

· 将 wine（葡萄酒）打开 breathing（醒酒），将 white wine（白葡萄酒）和 juice（果汁）、牛奶保管在冰箱中。

· 用于服务的汤碗、咖啡杯和茶杯、盘子提前放入保温设备中保温。

· 提前预热烤箱加热主菜和面包。

· 将 condiment set（一组调料，包括盐和胡椒等）摆放在所有餐盘上。

· 根据乘客人数准备桌布， 确认桌布清洁和熨烫平整。

· 根据乘客人数准备菜单。

⑤准备 welcome drink（迎宾饮品）服务

· 将 orange juice（橙汁）和 champagne（香槟）进行冷却。

· 摆放在银托盘上。

· 准备 tumbler（无手柄的杯子）、champagne glass（香槟杯）、wine glass（葡萄酒杯）、 cocktail napkin（鸡尾酒餐巾纸）和 coaster（纸质杯垫）。

· 用 saucer（茶碟）准备高级舱位专用的坚果。

· 在 50% 左右的预约乘客完成登机的时候，打开香槟，准备迎宾饮品。

· 优先给整理完行李入座的乘客提供 welcome drink（迎宾饮品）。

2. 地面服务流程 >>>

存放外套 → 存放 baggage（行李） → towel service（毛巾服务） → welcome drink（迎宾饮品）服务

①存放外套

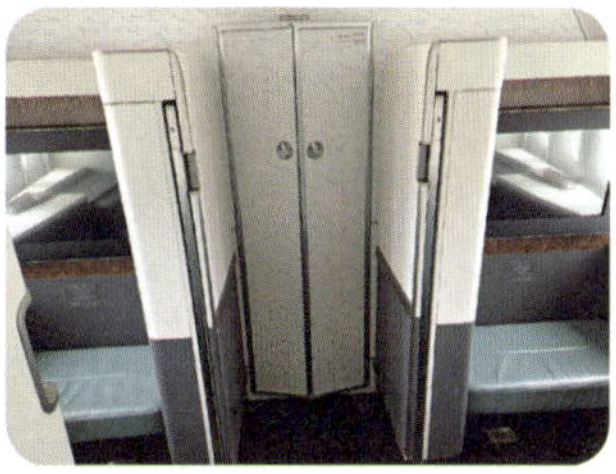

· 在登机口周围或客舱通道等待， 乘客登机时确认登机牌，之后立即引导乘客入座。

· 向乘客询问衣物存放意向后，如有需要，在衣帽间衣架的 hanger tag（座位号标签）上填写座位号后存放，注意避免衣物褶皱并告知乘客存放位置。

· first class（头等舱）设有个人用衣帽间，乘客可以直接存放。

· 询问是否有贵重物品，建议乘客亲自存放贵重物品，防止丢失。

· 返还时， 确认座位号及本人后返还。

· 返还时， 双手精心折叠外套后交给乘客。

②存放 baggage（行李）

· 乘客的行李无法存放在舱顶行李架或座位下方时，需存放在衣帽间。

· 在 hanger tag（座位号标签）上填写座位号后存放。

· 询问是否有易碎物品，告知乘务物品破损时航空公司不承担责任并请求谅解。

· 受托存放的行李在飞机着陆且完全停稳后再归还。

③ towel service（毛巾服务）

· 根据乘客人数将毛巾整齐摆放在银托盘上。

· 提供前确认湿度和温度，并喷洒香水。

· 卷成圆卷，放在单独的碟子上提供给乘客。

· 提供时要提醒乘客小心烫。

· 回收时引导乘客自行放回，或使用毛巾夹回收。

· 回收时乘务员注意避免直接用手接触毛巾。

④ welcome drink（迎宾饮品）服务

利用 PM（passenger manifest，乘客名单），提供称呼服务和 welcome drink（迎宾饮品）。

· welcome drink（迎宾饮品）是具有欢迎意义的饮品，因此在进行欢迎问候时一同提供。

· champagne（香槟）不要过早打开，在提供之前再打开，确保有气泡。

· 手持 champagne（香槟）酒瓶，向乘客展示 label（商标）并提供服务。

· 先铺上 coaster（纸质杯垫），在小桌板或扶手桌上摆放乘客需要的饮品。

· 建议乘客搭配坚果饮用，和鸡尾酒餐巾纸一同放在饮品旁边。

· 除了 champagne（香槟）或 wine（葡萄酒）以外，其他饮品使用 tumbler glass（平底杯）。

· 如果乘客登机过程中时间充足，可以再次进行客舱巡视，并提供续杯服务。

三 起飞后的服务

1.first class service procedure（头等舱服务流程）

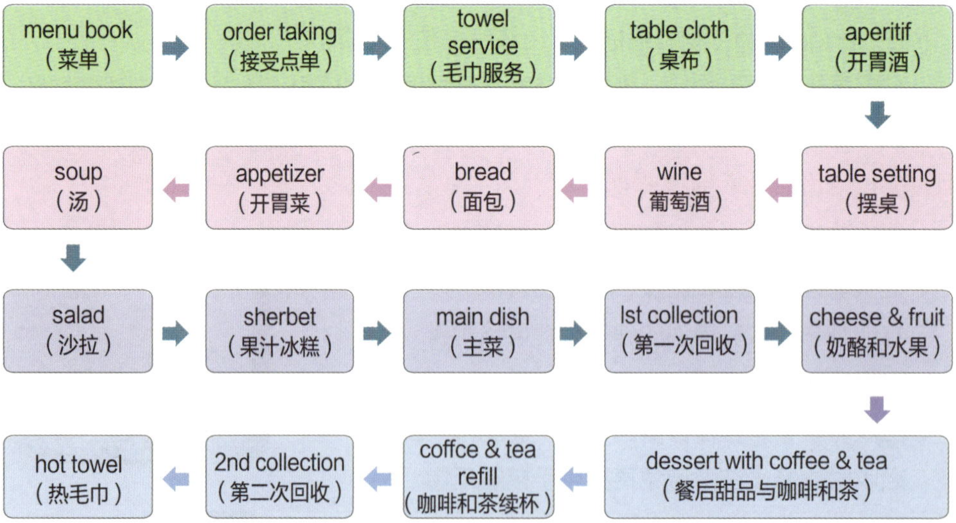

酒类服务在乘客点单时可以随时提供，但可根据乘客的状态限制提供服务。

根据飞行航线及服务时间，也会省略部分环节，特别是提供早餐时，热饮服务不在甜品环节提供，而在主菜之前提供。

2.1st meal（第一次餐食服务）

第一次餐食服务根据飞行时段及飞行时长不同，提供的时间段也不同。可以是 lunch（午餐）、supper（夜宵）、dinner（晚餐）、brunch（早午餐）。

①提供 menu book（菜单）、wine list（酒单）、coffee list（咖啡单）

· 检查菜单、酒单、咖啡单的数量和清洁、平整状态。

· 避免同时拿许多菜单、酒单、咖啡单提供服务。

· 简单介绍相关航班上提供的菜单顺序。

· 简单介绍相关航班提供的葡萄酒的特点。

② menu order taking（接受点单）

· 以蹲姿接受 aperitif（开胃酒）和 main dish（主菜）的点单。

· 介绍酒类，如 champagne（香槟）、beer（啤酒）、whisky（威士忌）以及各种 juice（果汁）、soft drink（非酒精饮品，如可乐、汽水等）等搭载的饮品种类。

· 详细说明主菜的烹饪方法、使用的食材和味道。

· 乘客点 beef steak（牛排）时，注意询问需要几分熟（rare：一分熟，medium：五分熟，well-done：全熟）。

· 如有乘客不想立即用餐，就先接受主菜的点单，单独保管其餐食且无须加热，以便在乘客需要时再提供。

③ towel service（毛巾服务）

· 将烤箱温度调节到 medium（中档）后，将毛巾放入烤箱加热 20~25 分钟。

· 根据乘客人数，确认湿度和温度后喷洒香水。

· 卷成圆卷，每个盘子上放一个。

· 提供时提醒乘客小心烫。

· 回收时连同盘子一起回收。

④ table cloth（桌布）

· 根据乘客人数准备桌布。

· 准备桌布时确认清洁和熨烫平整。

· 将桌布搭在一只胳膊上，进入客舱通道，先为乘客打开小桌板。

· 告知乘客马上提供餐食。

· 将搭在胳膊上的桌布整齐地铺在乘客的小桌板上。

⑤ aperitif（开胃酒）

在提供飞机餐之前，先提供简单的饮品和 canape（开胃小菜）等 hors d'oeuvre（前菜）服务，需提供饮料和酒类的续杯服务。

· 在服务推车上准备用于 starter（开胃品）的盘子、wine（葡萄酒）、champagne（香槟）、whiskey（威士忌）、各种 soft drink（非酒精饮品）、lemon slice（柠檬片）和适合饮品的酒杯。

· 摆放饮品时需将品牌标签正面朝向乘客。

· 简单介绍 aperitif（开胃酒）的种类和 hors d'oeuvre（前菜）。

· 先将 hors d'oeuvre（前菜）和 cocktail napkin（鸡尾酒餐巾纸）一起摆放好。

· 将乘客点的 aperitif（开胃酒）放在 hors d'oeuvre（前菜）盘子的右侧。

※ caviar service（鱼子酱服务）

· 将 caviar（鱼子酱）和装盘的 blini（俄式薄煎饼）以及饼干放在 service trolley（服务推车）上。

**blini：用荞麦粉和面粉制作的俄式薄煎饼。

·将洋葱末、鸡蛋末、酸奶油分别置于酱料盘中。

· 回收 hors d'oeuvre（前菜）餐碟后，在该位置摆放装有 caviar（鱼子酱）、blini（俄式薄煎饼）、饼干、洋葱末、鸡蛋末、 sour cream（酸奶油）的盘子。

· 介绍酱料和食用方法。

⑥ table setting（摆桌）

· 餐前饮品服务完成 50% 左右时，在 service trolley（服务推车）上准备 table setting（摆桌）时使用的服务用品。

装有洋葱末、鸡蛋末、sour cream（酸奶油）、饼干、鱼子酱的餐盘

table setting（摆桌）服务用品

用品	图例	用品	图例
butter plate （黄油盘）		cutlery set （餐具套装）	
bread plate （面包盘）		balsamic vinaigrette （香醋油醋汁）	
appetizer plate （开胃菜盘）		tumbler glass （平底杯）	
condiment set （一组调料，包括盐和胡椒等）		wine glass （葡萄酒杯）	

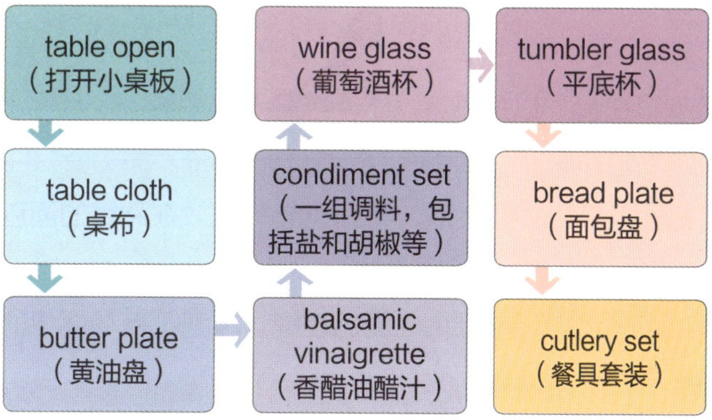

· 确认乘客座位号后，打开 table（小桌板），铺设 table cloth（桌布）。

· 摆放餐具：左侧放置 butter plate（黄油盘）、balsamic vinaigrette（香醋油醋汁）及 continent set（一组调料，含盐、胡椒），供乘客搭配餐前面包使用。

· 右上方放置 wine glass（葡萄酒杯），便于侍酒。tumbler glass（平底杯）盛放果汁或水，置于餐具右前方。

· 左侧摆放 bread plate（面包盘），右侧布置 cutlery set（成套餐具，含鱼刀、主餐刀、甜品叉）。

· table setting procedure（摆桌流程）

· 所有杯子的标志应面向乘客摆放。

· 用折叠成 4 层的巾布拿起矿泉水瓶，倒至 tumbler（平底杯）的 2/3 左右。

· 矿泉水要持续续杯，直至用餐结束。

⑦ wine service（葡萄酒服务）

为了以最佳状态提供服务，wine（葡萄酒）要按种类始终保持适当的温度，因此在服务前和服务过程中都要确认温度。

· 将 wine（葡萄酒）巾布事先折叠好，挂在葡萄酒篮手柄上。

· 将各种葡萄酒放入酒篮，进入客舱通道进行葡萄酒服务。

· 一只手握住酒篮手柄，另一只手托起酒篮下部，将葡萄酒标签朝向乘客。

· 乘客喝的葡萄酒要记录在订单上， 在续杯时提供相同的葡萄酒。

· 直到提供甜品环节持续续杯。

⑧ bread service（面包服务）

· 完成葡萄酒服务后，在银托盘上铺好巾布，将加热好的面包按种类摆放， 并准备面包夹。

· 对于不需要加热的面包，要长时间保管在冷藏设备中，服务时需提前取出，以免过凉。

· 介绍面包种类时，需弯腰展示银托盘，以便乘客亲自挑选。

· 可由乘客亲自夹取面包，或客舱乘务员协助夹取，将面包整齐地放在乘客的面包盘里。

· 使用面包夹夹面包时，注意用面包夹末端轻轻夹住面包边缘，尽量不破坏面包的形状。

· 面包需放在烤箱或保温设备中，以便在提供奶酪环节前随时补给面包，同时保持温度。但在保温设备中可能会受潮，因此应尽量放在烤箱中。

⑨ appetizer（开胃菜）

· 面包服务结束后，在服务推车上准备好装有 appetizer（开胃菜）的盘子。

· 将 appetizer（开胃菜）放在乘客餐桌中央。

⑩ soup（汤）

· 在服务推车上准备好装有汤的 soup tureen（汤锅）和盛汤的 soup ladle（汤勺）以及乘客使用的汤碗。

· 回收 appetizer（开胃菜）盘子，将其放在服务推车的第二格或第三格。

· 向乘客介绍 soup（汤）的种类。

· 如果第一格和第二格都摆放了汤碗，回收的餐具必须放在第三格，用于服务和回收的餐具需分开。

· 打开汤锅盖子，将盖子放在服务推车下端，将乘客点的汤盛入汤碗中，注意保持碗边整洁，用 soup ladle（汤勺）分两次盛入汤碗 。

· 回收 appetizer（开胃菜）餐盘后在该位置摆放汤锅。

· 汤锅的 logo（标志）要面向乘客。

⑪ salad（沙拉）

· 沙拉需提前取出，避免过凉。要检查变色的部分是否新鲜。

· 将巾布铺在服务推车上，并摆放提前准备好的沙拉盘。

· 将沙拉酱按种类装入 gravy boat（船形肉汁盘）中，插上 small ladle（小长柄勺）。

· 在服务推车上准备沙拉、沙拉盘、沙拉夹、装在 gravy boat（船形肉汁盘）中的沙拉酱、small ladle（小长柄勺）、胡椒、盐和 garnish（装饰物）。

· 介绍沙拉酱种类并接受点单。

· 用沙拉夹将蔬菜均匀地装入沙拉盘中，把 garnish（装饰物）topping（浇在上面）。

· 回收汤碗后在该位置摆放 salad（沙拉）盘。

· 沙拉盘的 logo（标志）面向乘客。

· 使用 small ladle（小长柄勺）将盛在 gravy boat（船形肉汁盘）里的沙拉酱浇在沙拉上之后摆放在乘客的餐桌上。

· 询问乘客是否需要胡椒和盐，如需要直接为乘客撒上。

· 葡萄酒和沙拉酱的酸味不适合搭配，只有在乘客需要时提供续杯。

· 回收所有使用过的餐盘时，需确认乘客的满意度。

⑫ main dish（主菜）

·根据主菜的种类按照加热标准进行准备。

· steak（牛排）根据乘客要求的熟透程度分别进行准备。

· 酱料有 horseradish（辣根）、mustard sauce（芥末酱）、A1 sauce（A1 调味酱）、hot sauce（辣酱）、worcestershire（乌斯塔酱）等。

· 在托盘上准备多余的餐具（如刀、叉），提供服务时进行补充或更换。

· 再次确认乘客点的主菜之后，在餐盘上准备主菜、starch（含淀粉的食物）和蔬菜。

·介绍酱料种类，用 small ladle（小长柄勺）将盛在 gravy boat（船形肉汁盘）中的主菜酱料撒在上面；此外可打开瓶装酱料的盖子递给乘客或用茶匙盛放在主菜旁边。

· 根据主菜的种类，可先在餐盘上撒酱料，在其上放主菜，或先把主菜放在餐盘里，然后均匀地撒上酱料，只撒在主菜右边 1/3 左右位置。

· 主菜服务结束后，持续供应面包并提供葡萄酒及矿泉水的续杯服务。

⑬ collection（回收）

· FS 和 FJ 将回收时使用的大托盘摆放在服务推车上，并回收所有主菜盘和 condiment set（一组调料，包括盐、胡椒等）、面包盘、黄油盘、balsamic oil（香脂油）。

· 回收的餐具放入第一格。

· 服务推车上的大托盘已装满，则送回厨房换成空的大托盘继续回收。

· 一次不要堆积太多，避免移动时服务用具掉落。

**F/C（头等舱）餐具大部分是玻璃或高价陶瓷材质的，需小心使用并管理。另外，服务时不要打破餐具产生噪声，妨碍乘客休息。

· 询问乘客是否仍需要面包，如乘客有需求，则保留面包盘。

· 确认乘客的满意度后回收。

· 在询问乘客意向后回收或更换矿泉水杯和葡萄酒杯。

⑭ cheese & fruit（奶酪和水果）

在服务推车上准备盛装在托盘上的各种水果、沙拉夹、cheese board（奶酪切板）上的各种 cheese（奶酪）、饼干、port wine（波特酒）、葡萄酒杯、鸡尾酒、餐巾纸、餐盘和刀叉。

· 准备好提供甜品时使用的 port wine(波特酒)、葡萄酒杯和餐巾纸。

· 餐刀摆放在乘客餐桌右侧，餐叉摆放在餐桌左侧。

· 首先向乘客介绍 cheese & fruit（奶酪和水果）的种类，并接受点单。

· 使用沙拉夹将乘客点的水果装盘并摆放在餐桌上。

· 将奶酪和饼干装盘摆放在餐桌上。

· 用餐刀切奶酪时，从上往下垂直切。

· 将奶酪切成与空气接触面较大的形态，最大限度地保留奶酪的味道和香味。

· cheese & fruit（奶酪和水果）服务结束后，建议乘客品尝与 cheese（奶酪）相配的 port wine（波特酒）。

⑮ dessert with coffee & tea（甜品及咖啡和茶）

· **服务车准备**

· 准备咖啡和茶以及酒类。

· 冲泡咖啡，先用热水冲烫咖啡壶和茶壶进行保温。

· 取出提前放入保温设备中的咖啡杯和茶杯，摆放在服务推车上。

· 折叠巾布，在里面放入茶匙和叉子。

· 将蛋糕、咖啡壶、茶壶、杯子、saucer(杯碟)、lemon slice(柠檬片)、液体奶油、白糖摆放在服务推车上端的一侧。

· 另一侧摆放 brandy（白兰地）、port wine（波特酒）等酒类。

· **dessert with coffee & tea（甜品及咖啡和茶）的服务**

· 将蛋糕和叉子一起放在乘客的餐桌上。

· 提供杯装冰淇淋时，首先在盘子上铺上 doily（网眼纸垫），然后放上冰淇淋。

· 提供咖啡服务时，询问是否需要白糖和液体奶油。

· 用杯碟托住咖啡杯，使手柄朝向乘客右手边。

· 咖啡倒至杯子的 2/3。

· 乘客需要白糖和液体奶油时，将茶匙放在杯子前面，白糖放在杯子后面，另外准备液体奶油后递给乘客。

· 提供茶服务时，用杯碟托住茶杯，使手柄朝向乘客右手边。

· 将热水倒至杯子的 2/3，茶匙放在杯子前面，白糖放在杯子左侧。

· 茶包放在碟子里，摆放在杯子的右上方。

· 乘客需要 slice lemon（柠檬片）时，用夹子夹入碟中，放在杯子的右上方。

· 首先介绍热饮种类，同时推荐蛋糕或冰淇淋，之后推荐酒类。

· 服务推车上没有乘客需要的饮品时，在厨房另行准备后进行提供。

⑯ coffee & tea refill with liqueurs（咖啡、茶、酒类续杯）服务

· 将咖啡和茶、酒类、碟子、葡萄酒杯放在服务推车上。

· 提供续杯服务，如果乘客想要其他种类的饮品，则更换新杯子后再提供服务。

· 乘客想要冷饮时，在厨房另行准备后提供。

⑰ collection（回收）

· 确认乘客满意度后回收。

· 回收桌布时，注意不要将面包粉或其他食品掉在乘客身上或乘客座椅上。

· 将回收的餐具放在第一格。

· 将回收的桌布放在第二格。

· 如果服务推车上的大托盘已装满，则送回厨房换成空的大托盘继续回收。

· 注意一次不要堆积太多。

⑱ bedding setting（摆放寝具）

· 回收结束后进行客舱巡视，清理客舱后准备寝具为乘客提供休息空间。

· 将靠背角度完全放平呈 180 度，与脚踏板角度保持平行。
· 将被头处折叠成直角三角形，方便乘客进入被子里。
· 在准备好的 bedding（寝具）上摆放便服。

A380 upper deck lounge（A380 上层客舱休息室）

A380 的机上 bar（吧台）是为商务舱和头等舱乘客提供的 lounge（休息室），各航空公司以多样化、简洁的室内装修和温馨的照明打造该空间并进行运营。

bar（吧台）里准备了座位和 standing（站立）空间，提供多种高级饮品和 finger food（便于用手指取食的食物）等简单的 snack（小吃），以此进一步提高高级舱位乘客对客舱服务的满意度。其作为商务人士或长途旅行的乘客进行休息、缓解飞行疲劳的场所，获得了良好的评价。

机上吧台提供的菜单

种类	品目
cocktail（鸡尾酒）	可要求乘务员制作各种鸡尾酒
wine （葡萄酒）	各种 red/white/sparkling wine（红葡萄酒、白葡萄酒、起泡葡萄酒）
liquor （烈性酒）	brandy/whisky/rum/jin （白兰地、威士忌、朗姆、杜松子酒）
beverage（饮料）	果汁、soft drink（非酒精饮品）、coffee、tea
snack （小吃）	各种 finger food（便于用手指取食的食物）、坚果、snack（小吃）、cake（蛋糕）、chocolate（巧克力）

3.2nd meal service procedure（第二次餐食服务）

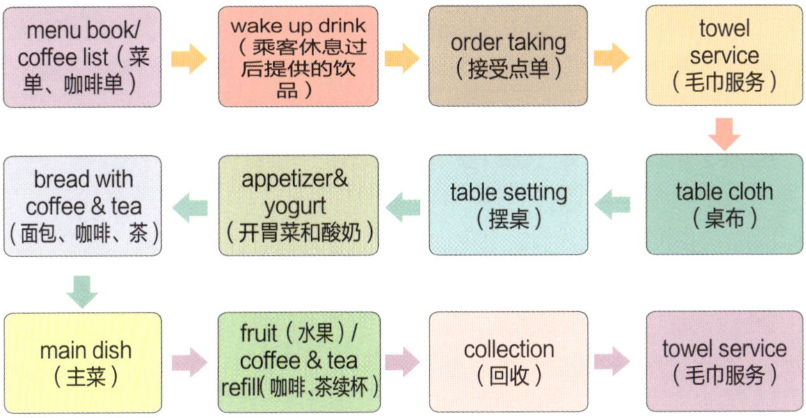

① menu book/ coffee list（菜单、咖啡单）

· 与第一次餐食服务的服务方法相同。

② wake up drink（乘客休息过后提供的饮品）

· 在银托盘上摆放橙汁、 guava juice（番石榴汁）、矿泉水。

· 同时准备鸡尾酒餐巾纸和 coaster（杯垫）。

· FS 和 FJ 用银托盘提供服务。

· 先将 coaster（杯垫）放在乘客餐桌上，然后将杯子放在杯垫上，再将鸡尾酒餐巾纸放在旁边。

· 银托盘的方向与通道平行，客舱乘务员手握托盘的长边。

· 回收时，托盘的方向与通道平行，客舱乘务员手握长的一侧进行回收。

③ order taking（接受点单）

· 与第一次餐食服务的服务方法相同。

④ towel service（毛巾服务）

· 与第一次餐食服务的服务方法相同。

⑤ table cloth（桌布）

· 与第一次餐食服务的服务方法相同。

⑥ table setting（摆桌）

· 与第一次餐食服务的服务方法相同。

⑦ appetizer& yogurt（开胃菜和酸奶）

· 在服务推车上准备好 appetizer（开胃菜）和 yogurt（酸奶）。

· 2nd meal（第二次餐食）服务中的 appetizer（开胃菜）通常提供水果。

· 将 appetizer（开胃菜）和 yogurt（酸奶）摆放在乘客餐桌上。

⑧ bread with coffee &tea（面包、咖啡、茶）

· 面包篮铺上巾布，将加热过的面包按种类准备好，并放上面包夹。

· 冲泡咖啡和茶，先用热水冲烫咖啡壶和茶壶进行保温。

· 取出提前放入保温设备中的咖啡杯和茶杯，摆放在服务推车上。

· 提前取出搭配咖啡的液体奶油。

· 将咖啡壶、茶壶、咖啡和茶杯、saucer（杯碟）、巾布、茶匙、 lemon slice（柠檬片）、液体奶油、白糖摆放在服务推车上。

· 与第一次餐食服务的服务方法相同。

⑨ main dish（主菜）

· 与第一次餐食服务的服务方法相同。

⑩ fruit（水果）/coffee & tea refill（咖啡、茶续杯）

· 与第一次餐食服务的服务方法相同。

⑪ collection（回收）

· 与第一次餐食服务的服务方法相同。

⑫ towel service（毛巾服务）

· 与第一次餐食服务的服务方法相同。

参考文献

[1] 朴英培 . 食品和饮料业务管理 [M]. 首尔：百山出版社，2018.
[2] 崔成洙，徐承惠 . 客舱服务 [M]. 坡州：韩欧出版社，2023.

图片来源

本书矢量图片来源：freepik